頭のいい人は
"考え方の型"がある!

# 13歳からの
# 論理的思考

経営コンサルタント
《著》藤城尚久

SOGO HOREI Publishing Co., Ltd

「これで本当にいいのかな？」と迷うことが、日々の生活でありませんか？　仕事でも、学校でも、プライベートでも、大なり小なり判断を求められる場面は意外と多いですよね。そんなときに頼りになるのが「論理的思考」です。名前だけ聞くとちょっと堅苦しく感じるかもしれませんが、特別な才能や知識がなくても、誰にでも身につけられる力です。要するに、**物事を整理して筋道を立てて考えたり、伝えられる力**。そんなイメージで十分です。

スマートフォンやインターネットのおかげで、私たちは膨大な情報に簡単にアクセスできるようになりました。でも、よく見ると、その中には**事実ではない情報や一方的な意見**もたくさん混ざっています。それをそのまま受け入れてしまうと、**間違った判断**をすることもありますよね。
しかし、論理的思考を身につけると、その情報が本当に正しいか、誰の意見が一番説得力があるか、自分なりに判断する力が身につきます。言い換えれば、「**振り回されない自分**」になれるということです。

さらに、論理的思考は仕事や日常の人間関係にも大いに役立ちます。たとえば、職場で何かを提案したり、友達や家族と何かを話し合ったりするとき、「こういう理由でこうだから、

こうなるんだよ！」と筋道を立てて話せると、相手も「なるほど、そういうことか」と納得してくれます。
それだけではなく、自分自身も「これで間違いない」と安心感を持って判断を下せるようになります。誤解を減らし、コミュニケーションをスムーズにするためにも、論理的に考える力はとても有効なのです。

この本では、そんな論理的思考を初めて学ぶ人のために、できる限りわかりやすくお伝えします。難しい専門用語や複雑な理論は一切ありません。むしろ身近な例をたくさん使って、**「なるほど、論理的に考えるってこういうことだったのか！」**と実感してもらえるように工夫しています。
たとえば、毎日の買い物でどの商品を選ぶか、友達と遊ぶ計画を立てるときどうするか、そんな日常の場面から考え方のコツをつかんでもらえます。「勉強する」というより、「**楽しく知る**」感覚で読める内容です。

読み終えたときには、「なんとなく考えていた」から「筋道を立てて考えられる」に変わっていることを実感してもらえるはずです。この本が、みなさんがよりよい判断をし、より豊かな毎日をすごすためのお手伝いになればうれしいです。

## はじめに

　「それってあなたの感想ですよね？」という言葉を聞いたことがあるでしょうか。このフレーズは、一見すると単なる議論を切り捨てるための挑発的な言葉のように思えるかもしれません。しかし、実際にはこの言葉には、論理的思考において非常に重要な要素が隠されています。それは「主観」と「客観」を区別する力です。

　現代社会では、膨大な情報が日々流れ込み、私たちはそれをもとに意思決定を行い、意見を交わしています。しかし、よく考えてみると、私たちが何かを「正しい」と感じる理由の多くは、自分自身の感覚や経験、あるいは周囲の雰囲気に左右されているのではないでしょうか。そうした「感想」にすぎないものを、さも普遍的な事実のように語ってしまうことで、誤解や対立が生まれることも少なくありません。

　本書では、「それってあなたの感想ですよね？」という問いをきっかけに、論理的思考の基本的な仕組みや技法について学びます。まずは、自分の主張や考え方が感情や偏見に影響されていないかどうかを確認する習慣を身につけることが重要です。

そして、物事を論理的に整理し、相手と建設的に意見を交わすためのスキルを磨いていきましょう。

　論理的思考とは決して特別な才能ではありません。むしろ、誰もが身につけられる「技術」です。この技術は、単に議論や討論の場で役立つだけでなく、日常生活の中で問題を解決したり、他者と理解を深めたりするうえでも大いに役立ちます。たとえば、職場での企画提案や友人との話し合い、さらにはSNS上でのコメントに至るまで、論理的思考は私たちのコミュニケーションを支える基盤となるのです。

　「感想」を超えて「事実」と「論理」にもとづく思考へと進むことで、私たちは自分の言葉に責任を持ち、他者を尊重しながらよりよい対話を生み出せます。本書が、その一歩を踏み出す助けとなれば幸いです。

　それでは、一緒に論理的思考の世界を探求していきましょう！

藤代尚久

はじめに……6

# 第1章　論理的思考とは

論理的思考の定義と重要性……16
論理的思考を実生活で活用する事例……20
論理的思考のメリットと限界……24
ゼロベース思考の基本……28
仕事の中でのゼロベース思考①（例：課題発見）……32
仕事の中でのゼロベース思考②（例：解決策の発案）……36
「既存の枠」を取り除く方法と留意点……40
「既存の枠」に毒された状態を理解する……44
「既存の枠」を取り除いた事例……48
ユーザー視点とゼロベース思考……52
（事例）真逆の発想で考える……56
（事例）新しい発想とその成果……60

# 第2章　論理的思考の基本的な手法

論理展開の2つのタイプ（演繹法と帰納法）……68

論理展開における前提条件の重要性……72
演繹的な論理展開とその実例……76
演繹法を使用する際の注意点……80
帰納的な論理展開とその実例……84
帰納法を使用する際の注意点……88
複合的な論理展開の手法……92
原因究明の「なぜ」を繰り返す方法……96
失敗から学ぶ原因究明の方法……100
因果関係を理解し正確に用いる方法……104
(事例)因果関係の誤解とその影響①……108
(事例)因果関係の誤解とその影響②……112
仮説思考の実践とその重要性……116
MECE(モレなくダブりなく)の概念……120
「モレ」あり・「ダブり」なしの場合の改善方法……124
「モレ」なし・「ダブり」ありの場合の改善方法……128
グルーピングアプローチとその実例……132
MECEの後の項目の優先順位づけ……136

(やってみよう!) 日常生活を題材にしたMECEの考え方……140

# 第3章　論理的思考の応用例フレームワーク

フレームワーク思考とは……146

3C……148

価値連鎖（バリューチェーン）……150

マーケティングの4P……152

プロダクトポートフォリオマネジメント（PPM）……154

ファイブフォース分析……156

ポーターの3つの基本戦略……158

SWOT分析……160

ハード・ソフト（7つのS）……162

バランススコアカード（BSC）……164

効率・効果……166

質・量……168

事実・価値……170

長所・短所（メリット・デメリット）……172

時間軸①（短期・中期・長期）……174

時間軸②（過去・現在・未来）……176

# 第4章　ロジックツリーの活用

原因追究のロジックツリー ⋯⋯ 180

原因追究のロジックツリーの事例 ⋯⋯ 184

問題解決のロジックツリー ⋯⋯ 188

問題解決のロジックツリーの事例 ⋯⋯ 192

**やってみよう!** 日常生活におけるロジックツリーの使い方 ⋯⋯ 196


# 第5章　論理的思考でアウトプットする

ピラミッド構造とは ⋯⋯ 202

ピラミッド構造の利点と注意点 ⋯⋯ 206

主ポイントと補助ポイントの関係 ⋯⋯ 210

補助ポイント間の関係性 ⋯⋯ 214

導入部のストーリー展開 ⋯⋯ 218

ピラミッド構造のつくり方 ⋯⋯ 222

論理的文章と非論理的文章の比較 ⋯⋯ 226

**やってみよう!** 日常生活を題材にしたピラミッド構造の使い方 ⋯⋯ 230

# 第6章　論理的思考をさらに深めるために

論理的思考と感情・直感のバランス ⋯⋯ 236

現代ツールとAIを活用した論理的思考 ⋯⋯ 240

論理的思考を鍛えるトレーニング法 ⋯⋯ 244

おすすめの参考文献と学習リソース ⋯⋯ 248


参考文献 ⋯⋯ 252


ブックデザイン／木村勉
DTP／横内俊彦
校正／矢島規男
本文イラスト／アライヨウコ、木村勉

# 第1章

## 論理的思考とは

# 「考える力」を育てる第一歩：論理的思考とは？

　「論理的思考」と聞くと、何だか難しそうなイメージを持つ人も多いかもしれません。でも実は、私たちは日常の中で無意識にそれを使っています。たとえば、友達とランチを決めるとき。「あの店は混んでいるからやめて、こっちのほうが早く入れそう」とか、「みんなが好きなメニューがあるお店にしよう」と考えるとき、これも論理的思考の一種です。つまり、論理的思考は特別なスキルではなく、少し意識するだけで誰でも身につけられるものなのです。

　では、なぜ今あえて「論理的思考」を学ぶ必要があるのでしょうか？　それは、現代社会が私たちに求めるスピードと複雑さが増しているからです。仕事でもプライベートでも、選択肢

は増え続け、「どう決めるか」がますます大事になっています。何となく決めてしまうと、後で「やっぱり違った」と後悔することもあります。そんなときこそ、論理的思考を使って整理し、納得のいく選択をする力が役に立ちます。

　この章では、「そもそも論理的思考って何？」「それを使うとどんなメリットがあるの？」という基本的な部分からスタートします。でも、ただの理屈っぽい話だけではありません。実生活や仕事の中でどう応用できるか、わかりやすい事例や身近な例も交えて紹介していきます。「ちょっと難しいかも」と思う人でも、読んでいくうちに「あれ、これならできそう」と感じられるはずです。

　さあ、あなたも日常や仕事をちょっと楽に、そして楽しくするための「論理的思考」の世界をのぞいてみませんか？　もしかすると、今まで悩んでいたことが、意外と簡単に解決できるかもしれませんよ！

# 論理的思考の定義と重要性

## 論理的思考のメリット

1 聞き手が話を理解しやすくなる

2 説得力が増す

3 相手方の意見を完全に理解できる

4 意思決定の信頼性が上がる

5 会議で深い議論ができるようになる

### 論理的思考とは何か？

　論理的思考とは、物事を筋道立てて考え、結論を導き出すためのスキルを指します。この思考法は、事実や情報を整理し、それをもとに論理的な結論を導くことに重きを置きます。感情や直感に頼るのではなく、明確な根拠を持った判断を下す点に

特徴があります。たとえば、「なぜその結論に至るのか」という問いに答えられることが、論理的思考の基本となります。

現代社会では、論理的思考の重要性がますます高まっています。私たちは日常生活の中で多くの選択や判断を迫られますが、論理的思考を身につけることで、それらを効率的かつ合理的に解決することが可能になります。特に、仕事の場面では、論理的に考えた結論を他者に説明する能力が重要です。職場の会議での発言や、プロジェクト提案の際、論理的思考は欠かせません。

### 論理的思考がなぜ重要なのか？

論理的思考の最大の利点は、物事を明確にする力です。私たちが抱える問題の多くは、曖昧なままに放置されると解決が難しくなります。しかし、論理的思考を活用すると、問題を構造化し、解決策を見つけるプロセスを明確にすることができます。たとえば、職場で売上が低迷している原因を考える場合、ただ「がんばろう」と言うだけでは解決しません。代わりに、「売上低迷の原因は何か」を細分化し、「顧客数が減少しているのか」「単価が下がっているのか」といった具体的なポイントに分けて考えることで、解決に向けた具体的な行動を計画することができます。

また、論理的思考は説得力を高めるためのツールでもありま

す。他者を納得させるには、主張を支える根拠を明確にする必要があります。たとえば、「この製品を開発するべきだ」と提案する場合、過去の成功事例や市場調査データを示すことで、意見の信憑性(しんぴょうせい)が増します。このようなプロセスを支えるのが、論理的思考の力です。

## 論理的思考の実践方法

　論理的思考を鍛えるためには、日常生活の中で意識的に取り組むことが大切です。一つの方法として、物事を「なぜ?」と問う習慣を持つことが挙げられます。たとえば、ニュースを見て「なぜこの政策が批判されているのか」と考え、それに対する根拠を探してみましょう。このような問いを繰り返すことで、自分の中で筋道を立てる力が養われます。

　もう一つの方法は、自分の考えを文章化することです。文章にすることで、思考が整理され、曖昧な部分を洗い出すことができます。また、他者と自分の意見を比較することで、自分の考えの妥当性を検証することも重要です。この過程を通じて、自分の論理的思考の強化につながります。

## ビジネスにおける論理的思考の価値

　仕事の場面では、論理的思考はとくに高い価値を持ちます。たとえば、会議で新しい提案を行う場合、提案の背景や利点を

論理的に説明できることで、他者を説得する力が増します。一方で、論理的思考が欠けた提案は、具体性に乏しくて説得力を失うことがあります。この違いが、仕事の成果に大きな影響を与えることは言うまでもありません。

また、上司から「この問題を解決する方法を考えてほしい」と依頼された場合にも、論理的思考が役立ちます。問題を細分化し、それぞれの原因を探り、解決策を検討することで、実現可能なプランを提示できるのです。このプロセスをスムーズに行える人材は、職場でも高く評価されるでしょう。

### 論理的思考が求められる日常の場面

たとえば、友人との旅行計画を立てる際、行き先、予算、日程、交通手段などを話し合う必要があります。このとき、論理的思考を活用すれば、「交通費を抑えるために新幹線ではなくバスを利用する」「みんなが楽しめる観光スポットを優先する」といった具体的な選択ができます。感覚だけで決めると意見が衝突することが多いですが、論理的に考えれば、全員が納得できる結論に近づけます。

# 論理的思考を実生活で活用する事例

## 日常生活での論理的思考の実践例

### 論理的思考が日常生活で役立つ場面とは？

　論理的思考は、仕事の場面だけでなく、日常生活においても非常に役立ちます。私たちは日々、小さな判断から大きな決断まで、さまざまな選択をしていますが、それらを論理的に整理し、筋道を立てて考えることで、よりよい選択をすることが可

能になります。

たとえば、家族で引っ越しを検討しているとしましょう。この場合、「どの地域に住むべきか」という問いに答えるためには、まず家族のニーズを整理する必要があります。通勤・通学の利便性や、周辺環境の治安、生活費など、考慮すべき要素は多岐にわたります。これらを無秩序に検討すると結論が出にくいですが、それぞれの要素を分類し、優先順位をつけることで、論理的に最適な地域を選ぶことができます。

### 実生活での事例1：買い物の選択

スーパーマーケットで食材を選ぶ場面を考えてみましょう。たとえば、「この食材を買うべきか」という判断をするとき、価格、品質、量など、複数の要素を比較する必要があります。この際、論理的思考を使えば、必要な条件を整理し、最もコストパフォーマンスのよい選択ができます。

「値段が安いけれど品質が悪い」食材と、「値段が高いけれど品質がよい」食材があった場合、どちらを選ぶかは目的によります。1週間分の食材をまとめて購入するならコスト重視ですが、子どもの誕生日などの特別なイベント用であれば品質重視の選択になるかもしれません。このように、自分の目的を明確にし、それにもとづいて要素を整理することで、最適な選択が可能になります。

### 実生活での事例2：友人関係の問題解決

　日常生活では、対人関係のトラブルも避けられません。たとえば、友人との約束が破られた場合、感情的に反応するのではなく、「なぜそのようなことが起きたのか」を考えることが重要です。その友人が忙しくて約束を忘れたのか、それとも予定を軽視しているのか、背景を明確にすることで、適切な対応が見えてきます。

　このとき、「相手を責める」ことが目的ではなく、「問題を解決する」ことが目的であると考えると、冷静かつ論理的なアプローチを取れるようになります。たとえば、「スケジュールの共有方法を改善する」という解決策を見つけることで、再発を防ぐことができるでしょう。

### 実生活での事例3：ニュースを観るとき

　ニュースを観る際に論理的思考を発揮する例として、情報の信頼性を判断する場面が挙げられます。たとえば、あるニュースがSNSで話題になった際、まず情報源が信頼できるかを確認し、他の信頼性の高いメディアの報道と比較します。また、内容が感情的な表現に偏っていないか、データや事実が明確に示されているかを分析します。このプロセスにより、誤った情報にまどわされず、冷静に物事を判断する能力が養われます。

## 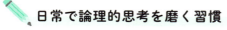日常で論理的思考を磨く習慣

　日常的に論理的思考を鍛えるためには、小さなことから実践していくのがよいでしょう。たとえば、ニュース記事を読んで、「この記者の意見はどのような根拠にもとづいているのか」と考えることや、家族や友人と話す際に、「なぜその意見を持っているのか」と問いかけることが効果的です。

　また、選択をする際に、自分の決定の理由を紙に書き出してみるのもよい方法です。これにより、自分の思考の癖や曖昧な部分を明確にすることができます。

### 論理的思考を活用した時間管理

　忙しい日常の中で、時間管理に論理的思考を取り入れることは非常に効果的です。たとえば、1日に行うべきタスクが10個あるとします。これをただ闇雲にこなそうとすると、非効率になることが多いですが、「優先度」「所要時間」「依存関係」を整理することで、効果的なスケジュールをつくることができます。「まずこのタスクを終えないと次が進まない」などの条件を明確にし、順序立てて行動することで、限られた時間の中で成果を最大化できます。

# 論理的思考のメリットと限界

## 論理的思考の限界

### 論理的思考の主なメリット

論理的思考には、多くのメリットがあります。

第一に、複雑な問題を整理して解決に導く力があることです。日常や仕事の中で、私たちは多くの情報や選択肢にしばしば直面します。このような状況で、論理的思考は、問題を小さな要

素に分解し、それぞれを順序立てて検討することで、解決策を見いだす助けとなります。

　たとえば、プロジェクトの進行が遅れている場合、「なぜ遅れているのか」を要素に分けて分析することで、具体的な原因を特定しやすくなります。原因が「人手不足」であれば採用や外部委託を検討できますし、「作業手順の非効率」が問題であれば、プロセスの見直しが必要になるでしょう。このように、論理的思考を用いることで、問題解決が効率的になります。

　第二に、論理的思考は説得力を高める手段としても有効です。他者に自分の意見を伝える際、明確な根拠を示し、筋道を立てて説明することで、相手を納得させやすくなります。たとえば、上司に新しい業務ツールの導入を提案する場合、「このツールを使うと業務効率が20％向上する」というデータを提示し、その理由を論理的に説明することで、提案の採用率を高めることができます。

## 論理的思考の限界とは？

　一方で、論理的思考には限界も存在します。とくに、論理に頼りすぎると、柔軟な発想や創造性が損なわれる場合があります。すべて「正解」を求めて分析する姿勢は、既存の枠組みにとらわれた考え方に陥ることがあり、結果的に新しいアイデアや革新的なアプローチを妨げることがあるのです。

たとえば、マーケティングキャンペーンを考える際、過去のデータをもとに「この方法が最も効果的」と結論づけるだけでは、他社との差別化が難しくなるかもしれません。このような場面では、直感的なアイデアや、通常の枠組みを超えた発想が重要になることもあります。

　論理的思考の限界を示す別の事例として、災害時の対応が挙げられます。たとえば、大地震が発生した際、避難経路や物資確保の計画を論理的に立てたとしても、余震や交通渋滞、他者の行動といった予測不能な要因が計画を崩す可能性があります。このような状況では、不確実性に直面するため、論理的思考だけでなく、直感や迅速な適応能力が重要となります。これは、計画どおりにいかない現実の複雑さを物語っています。

　さらに、論理的思考はすべての状況で通用するわけではありません。とりわけ人間関係や感情が絡む問題では、論理的な解決策だけでは不十分な場合もあります。たとえば、職場での人間関係のトラブルでは、「正しい解決策」を提示するだけではなく、相手の感情に配慮したコミュニケーションが求められます。このような場合、感情や共感を組み合わせたアプローチが必要です。

## メリットと限界をどう活かすか？

　論理的思考を効果的に活用するには、そのメリットを最大限

に引き出すと同時に、限界を理解して補完する工夫が求められます。たとえば、創造的な発想が必要な場面では、まず自由なブレインストーミングを行い、その後でアイデアを論理的に整理するという方法が考えられます。これにより、創造性と論理性をバランスよく活用することができます。

また、感情的な要素が重要な場面では、論理的な解決策を提示する前に、相手の感情を理解し、共感を示すことが効果的です。たとえば、上司にミスを報告する場合、「ミスの原因」を論理的に説明するだけでなく、「ご迷惑をおかけして申し訳ありません」という一言を添えることで、状況を円滑に進めることができます。

## 論理的思考と創造性のバランス

論理的思考と創造性は、一見すると対立する概念のように見えますが、実際には補完的な関係にあります。たとえば、新しいビジネスモデルを考える際、「まず自由な発想でアイデアを出し、その後で論理的に検証する」というプロセスを取ることで、実現可能かつ革新的なアイデアを生み出せます。「創造性が発揮された瞬間に論理的思考を導入する」。このバランスが、現代の多くの場面で成功を導くカギとなっています。

# ゼロベース思考の基本

## ゼロベース思考とは

既存の狭い枠内で多くの否定的
要素を考えてしまう

大きな枠に広げて可能性を探る

### ゼロベース思考とは？

　ゼロベース思考とは、既存の考え方や固定観念にとらわれず、すべてを白紙の状態から考え直す思考法です。このアプローチは、「これまでこうしてきたから」という過去の方法に固執せず、「もし何も制約がなかったらどうするか？」と問い直すこ

とから始まります。

　ゼロベース思考の目的は、新しい視点や発想を生み出し、現状を大きく変える解決策を見つけることです。たとえば、企業が新製品を開発する場合、「既存の製品を改良する」という発想にとどまらず、「そもそも消費者が本当に求めているものは何か？」というゼロベースの視点で考えることで、革新的なアイデアを導き出せます。

## ゼロベース思考が重要な理由

　現代社会では、状況が急速に変化し、従来のやり方が通用しなくなることが少なくありません。ゼロベース思考は、こうした変化に対応し、従来の枠を超えた解決策を見つけるのに適しています。

　これまでのやり方や常識にとらわれず、「本当に必要なことは何か？」をゼロから考えることで、より良い解決策を見つけられます。たとえば、新しい仕事の方法を考えるとき、過去のやり方に固執せず、今の状況に合ったアイデアを作ることで効率的な結果が得られます。これにより、柔軟に対応できる力が身につきます。

　たとえば、働き方改革が求められる中で、多くの企業がリモートワークを導入しました。しかし、単に従来のオフィスワークをオンライン化するだけでは、真の効率化は難しいです。

ゼロベース思考を用いて、「出社自体が必要なのか」「業務プロセスをまったく新しい形にできないか」という根本的な問いを立てることで、より効果的な働き方を模索することができます。

###  ゼロベース思考の具体的なステップ

ゼロベース思考を実践するには、次の3つのステップを意識すると効果的です。

#### ①現状を疑う

まず、現状のやり方や考え方が本当に最適かどうかを問い直します。たとえば、「このプロセスはなぜ必要なのか？」と自問することで、既存の枠組みに隠れた無駄や制約を見つけることができます。

#### ②理想を描く

次に、「もし制約がなければどうするか？」を考えます。この段階では、現実的な制約を取り払って、理想の形を思い描くことが重要です。たとえば、新しいサービスを考える際、「コストや技術の制約がなかったら、顧客にどんな価値を提供できるか？」という視点で発想します。

### ③実現可能な方法を考える

最後に、理想を現実に落とし込む方法を模索します。ゼロベースのアイデアを実現するために、必要なリソースやステップを具体的に計画します。このプロセスでは、制約を考慮しつつも、なるべく革新性を損なわない方法を選びます。

## ゼロベース思考の課題と対策

ゼロベース思考は、既存の考え方や慣習を一切排除するという特性上、抵抗感を持つ人も少なくありません。また、現実的な制約を無視したアイデアは、実行段階で壁にぶつかることもあります。これを克服するためには、チームでの議論や外部の視点を取り入れることが有効です。

### 日常生活におけるゼロベース思考

ゼロベース思考は、日常生活にも応用できます。たとえば、家事のルーティンを見直す際、「なぜこの順番で家事をしているのか？」を考えることで、効率的な新しい方法を見つけられることがあります。具体的には、食材の買い出しと調理を分けて考えるのではなく、「事前に1週間分のメニューを決めておく」という発想に切り替えると、無駄な時間やコストを削減できます。

# 仕事の中でのゼロベース思考①
## （例：課題発見）

### 目的の優先順位をつける

3倍のスピードで仕事を完結させる（間に合わせる）にはどうすべきか。最大の目的はどこか、優先順位づけを行う。たとえば、すべてのプロセスについて詳細な裏づけが必要か。もしくは最終的な判断をするためのデータだけでよいか、など。

### ゼロベース思考で課題を見つける

　仕事の中でゼロベース思考を活用する第一歩は、現状の業務プロセスや状況を疑い、本質的な課題を発見することです。多くの場合、既存の仕組みや慣習にとらわれると、課題が見えにくくなります。ゼロベース思考を使えば、「現状にとらわれず、

もしすべてが白紙の状態ならどう考えるか？」という視点から課題を洗い出すことが可能になります。

### 課題発見の実例1：3倍以上の量の仕事をこなす

たとえば、「通常の3倍の量の仕事をこなす」という課題に対し、ゼロベース思考を用いることで新しい解決策を導きます。まず、従来の「すべての仕事を順番どおりにこなす」という固定観念を捨て、ゼロから考え直します。

この課題の核心は、すべての仕事を同じ重要度で進めるのではなく、限られた時間で最大の成果を生み出すことにあります。そのために最初に行うべきは、すべてのタスクを洗い出し、重要性と緊急性を基準に徹底的に再評価することです。

このプロセスでは、タスクを「緊急かつ重要」「重要だが緊急でない」「緊急だが重要でない」「緊急でも重要でもない」の4つに分類します。この分類により、最も成果に直結する「緊急かつ重要」なタスクを優先順位のトップに置きます。一方で、緊急ではあるが重要性が低いタスクや、後回しにしても支障がないタスクについては、必要に応じて他のメンバーに委任したり、場合によっては省略する決断も含めて検討します。

この一連のプロセスの中で重要なのは、「このタスクは本当に必要か？」「もっと効率的な方法はないか？」というゼロベースの視点を常に持ち続けることです。従来のやり方をその

まま踏襲するのではなく、新しい方法を柔軟に取り入れることで、効率化を図ります。

加えて、進捗状況を定期的に見直し、計画が滞っている場合には再度ゼロから考え直す姿勢を持つことも欠かせません。このように、ゼロベース思考で仕事の優先順位を設定し、リソースを最適に配分することで、通常の3倍の量の仕事を進める目標が実現可能となるのです。

### 課題発見の実例2：会議の運営をゼロベースで見直す

ある企業で、社員の多くが「会議が長すぎる」と不満を抱えていました。そこでゼロベース思考を使い、会議のあり方を根本から見直すプロジェクトを行いました。

まず、現状を疑う段階で「なぜ会議が必要なのか？」と問いかけました。これにより、単なる情報共有のために全員を集めていることが明らかになりました。本来ならメールやチャットで済む内容まで会議で議論されていたのです。

次に、理想を描く段階で「最小限の時間で最大限の成果を上げる会議」を目指しました。このビジョンにもとづき、「会議を行う前に資料を共有して準備を徹底する」「議題を絞り込む」「時間を厳格に区切る」といったルールを導入しました。

最終的に、従来1時間かかっていた会議を20分以内に短縮することができ、社員の生産性と満足度が向上しました。この

例は、ゼロベース思考が課題発見において有効であることを示しています。

### ゼロベース思考を課題発見に活かすメリット

ゼロベース思考を用いることで、通常は見すごされる本質的な課題を発見することができます。とくに、業務効率化やコスト削減、新しいビジネスチャンスの探索において強力なツールとなります。また、この思考法は、現状のやり方を否定するものではなく、新たな価値を創造するためのプロセスと考えると、組織全体の革新にもつながります。

### 日常業務での課題発見例

たとえば、日常業務で多くの人が感じる「メールが多すぎる」という問題。この課題をゼロベース思考で考えると、「そもそもメールは必要なのか？」「別のツールで代替できないか？」という問いが生まれます。これにより、チャットツールやタスク管理アプリを導入するアイデアが浮かび、コミュニケーションの効率が大幅に向上する可能性があります。このように、小さな業務改善でもゼロベース思考は役立ちます。

# 仕事の中でのゼロベース思考②
## （例：解決策の発案）

**先例にとらわれず、フェアに判断する**

創業以来、長きにわたりお世話になっている。
急な発注にも対応してくれる。
ただし、コストが高い。

持続的な競争優位がある会社
（より良い、より安い商品を継続的に提供）

うーん、今後のことを考えるとどちらを選ぶべきか。

### 解決策の発案にゼロベース思考を活用する

　課題を発見するだけでなく、その解決策を考える際にもゼロベース思考は非常に有効です。とくに、従来の方法では対応できない問題や、新たな挑戦が必要な場面では、この思考法が革新的なアイデアを生み出す鍵となります。ゼロベース思考は、

「もし何も制約がなかったら、どのような解決策が最適か？」という問いからスタートし、通常の発想では出てこない新しいアプローチを導き出します。

### 解決策発案の実例1：取引先選定のケース

ゼロベース思考でA社とB社のどちらに発注するかを判断するには、まず今までの取引実績を一度忘れ、必要な条件を整理することが大切です。具体的には、品質、コスト、対応のよさなど、プロジェクトにとって重要なポイントをリストアップし、それぞれの会社がどれだけ条件を満たすかを公平に比べます。たとえば、B社がいくらコストや品質が優れていても、急な変更に対応できなければ後で問題になることがあります。一方、A社は少し高くても、長いつきあいによる柔軟な対応が役立つかもしれません。条件をもとに、どちらがプロジェクトに適しているかを冷静に選びます。

### 解決策発案の実例2：物流コスト削減のケース

ある小売業者が物流コストの増加に悩んでいました。従来の方法では、「効率的な配送ルートの設定」や「トラックの積載率向上」など、既存の枠内で改善策が検討されていました。しかし、これらの取り組みだけでは十分な成果が得られず、限界に達していました。

そこで、ゼロベース思考を導入し、「配送そのものをゼロから考え直す」という発想に転換しました。具体的には、以下のような問いを設定しました。
　「そもそも商品を毎回トラックで運ぶ必要があるのか？」
　「倉庫の配置や仕組みを変えることで、物流の流れを最適化できないか？」
　この結果、地域ごとに小規模な配送拠点を新設し、ラストマイル配送をドローンや電動自転車に切り替えるアイデアが生まれました。このアプローチは、環境負荷の軽減にもつながり、結果として物流コストを30％削減することに成功しました。

## ゼロベース思考による解決策発案のプロセス

　解決策を発案するためのゼロベース思考のプロセスは、次のとおりです。

### ①現状を否定する

　「現状の方法が唯一の解決策ではない」と仮定します。これにより、従来の制約や前提条件から解放されます。

### ②理想の解決策を考える

　制約を完全に取り払った場合に、どのような解決策が最も効率的かを考えます。この段階では、実現可能性を考えず、自由

に発想することが重要です。

### ③実現可能性を検討する

理想的な解決策を現実に適用するための方法を具体化します。必要なリソースや技術、コストを分析し、段階的に実行可能な計画を立てます。

## ゼロベース思考を解決策発案に活かすメリット

このアプローチを活用することで、従来の発想では思いつかなかった解決策を生み出せる可能性が高まります。また、ゼロベース思考はチームでの議論にも適しており、異なる背景を持つメンバーから多様なアイデアを引き出すことができます。その結果、革新的な取り組みを組織全体で進めやすくなります。

---

### 小さな課題へのゼロベース思考の応用

ゼロベース思考は、大きなプロジェクトだけでなく、日常的な課題にも応用できます。たとえば、毎朝の通勤時間が長いと感じる場合、「このルートが最適か？」と疑うことで、まったく別の移動手段や在宅勤務の可能性を考えるきっかけになります。ゼロベース思考の視点で日常を見直すことで、ストレスを軽減し、効率的な生活を実現するヒントが得られるでしょう。

# 「既存の枠」を取り除く方法と留意点

## 「既存の枠」がある世界とない世界

「既存の枠」を取り払った世界

### ゼロベースで一切の制約から解放された世界

## 「既存の枠」とは何か？

　「既存の枠」とは、私たちが普段の生活や仕事の中で無意識に前提としている考え方やルール、習慣のことです。これには、企業での固定化された業務プロセスや社会的な常識、個人の思い込みなどが含まれます。これらの枠は、私たちが効率的に物

事を進める助けになる一方で、新しいアイデアや改善策を妨げる障壁になることもあります。

たとえば、「会議は全員参加すべきだ」という前提があった場合、それを疑わずに従えば無駄な会議時間が増える可能性があります。ゼロベース思考を実践するためには、この「既存の枠」を意識的に取り除くことが重要です。

### 「既存の枠」を取り除く方法

「既存の枠」を取り除くには、次のステップを意識すると効果的です。

#### ①疑問を持つ

現状のプロセスや方法に対して、「本当にこれが最適なのか？」「そもそもなぜこのやり方なのか？」と問いかけます。たとえば、「このルールは何のために存在しているのか？」という視点で考えることで、不要な慣習や非効率な手順に気づくことができます。

#### ②ゼロから考え直す

「何も制約がなかったらどうするか？」を自問します。たとえば、新製品の設計を行う際、「既存の技術に縛られずに、顧客が本当に求めているものは何か？」と考えることで、革新的

なアイデアを生み出せます。

### ③多様な視点を取り入れる

自分一人では気づかない「枠」に気づくために、異なる背景や専門知識を持つ人の意見を取り入れます。たとえば、他部署の同僚や外部の専門家に意見を求めることで、新しい視点を得られることがあります。

## 「既存の枠」を取り除く際の留意点

「既存の枠」を取り除くプロセスには注意が必要です。無闇に既存の仕組みを否定すると、現場の混乱や抵抗を招く可能性があります。そのため、以下のポイントに留意しましょう。

### ①目的を共有する

「なぜ既存の枠を取り除くのか」という目的をチーム全体で共有することで、反発を最小限に抑えることができます。

### ②既存の価値を評価する

すべてを否定するのではなく、現状の仕組みが持つよい部分を評価し、それを活かした改善を目指す姿勢が重要です。

◯ ③段階的なアプローチを取る

　大規模な変革を一気に進めるのではなく、小さな変化を積み重ねることで、スムーズな移行を図ります。これにより、チームや組織が変化に適応しやすくなります。

◯ ④柔軟性を持つ

　新しい方法が必ずしも成功するとは限らないため、途中で方針を調整する柔軟性が求められます。フィードバックを取り入れ、計画を改善していくことが重要です。

◯ ⑤全体像を見失わないようにする

　新しい枠組みをつくる際、目の前の課題に集中しすぎて全体の方向性を見失わないようにします。

## 日常生活での「既存の枠」の見直し

　「既存の枠」を取り除く思考は、日常生活でも応用できます。たとえば、毎朝の通勤に使っているルートが最適かどうかを見直すと、「もっと早いルートがある」「そもそも在宅勤務で十分かもしれない」といった新しい選択肢が見えてきます。このように、固定観念を疑うことで、小さな改善が生活全体の質を向上させることがあります。

# 「既存の枠」に毒された状態を理解する

## ロジカルな考え方を阻害する環境

**①** ある組織に長期間所属している

**②** 同じ思考を持つ人たちと一緒にいる時間が長い

**③** 規制が厳しい業界内にいる（建設、金融、医療、弁護士、税理士など）

**問題** ＝ 偏見や先入観に対し、自覚症状がない！

## 「既存の枠」に毒された状態とは？

　「既存の枠」に毒された状態とは、過去の経験や習慣、固定観念に強く影響され、新しい視点や柔軟な思考を失ってしまっている状態を指します。この状態では、目の前の問題やチャンスに対して従来の方法に固執し、効率的な解決策や革新的なア

イデアが出にくくなります。

「既存の枠」にとらわれる背景には、心理的な要因や組織的な慣性があります。

### ①心理的な要因

人は過去の成功や経験にもとづいて判断する傾向があります。これは心理学で「アンカリング」と呼ばれる現象です。一度学んだ方法や知識が基準となり、それに縛られて新しい情報を取り入れにくくなるのです。

### ②組織的な要因

組織では、既存のプロセスやルールが定着していることが多く、変化への抵抗が生じます。たとえば、「今までこのやり方で問題なかったのに、なぜ変える必要があるのか？」といった声がよく聞かれます。このような意識は、変革の妨げとなります。

### ③時間的な制約

短期的な成果を求められる状況では、新しいアプローチを試す時間や余裕がなく、結果的に既存のやり方を繰り返すことになります。

## 「毒された状態」のリスク

「既存の枠」に毒された状態が続くと、個人や組織に以下のようなリスクが生じます。

### ①問題の見逃し

現状に満足してしまい、本質的な課題を発見できなくなります。たとえば、顧客のニーズが変化しているにもかかわらず、それに対応しない商品やサービスを提供し続けるリスクがあります。

### ②競争力の低下

競合他社が新しい方法や技術を採用している中で、自社が従来のやり方に固執すると、競争力を失う恐れがあります。

### ③モチベーションの低下

同じやり方の繰り返しは、社員の創造性ややりがいを削ぎ、モチベーションの低下につながります。

 ## 「毒された状態」を理解し解消する方法

この状態を解消するためには、以下のような取り組みが有効です。

### ①自己認識を高める

自分や組織が「既存の枠」にとらわれていないかを定期的に見直します。

### ②外部の視点を取り入れる

外部の専門家や他業界の事例から学ぶことで、新しい視点を得ることができます。これにより、既存の枠に縛られた考え方から抜け出すヒントを得られます。

### ③挑戦を奨励する文化をつくる

組織内で新しいアイデアや挑戦を奨励する文化を育てることで、枠にとらわれない柔軟な発想が生まれます。

---

**過去の成功体験にとらわれた失敗例**

ある大手企業が、過去の成功にもとづいて同じ製品戦略を繰り返した結果、市場の変化に対応できずにシェアを失った事例があります。この企業は、「自社のブランド力があれば売れる」という思い込みに縛られ、競合他社の革新的な製品に追随できませんでした。これを防ぐためには、定期的に市場を見直し、新しい戦略をゼロから考える柔軟性が必要です。

# 「既存の枠」を取り除いた事例

## 「既存の枠」を取り除いた事例

### 「既存の枠」を取り除くとは？

　「既存の枠」を取り除くとは、従来の考え方や方法を疑い、新たな視点で物事を見直すことです。これにより、従来では見すごされていた課題や可能性が明らかになり、革新的な解決策を導き出すことができます。ここでは、具体的な事例を通じて、

このアプローチの効果を考察します。

### 事例1：タクシー業界のイノベーション

　従来のタクシー業界では、「タクシー会社が車両とドライバーを所有し、運行を管理する」という枠組みが当たり前とされてきました。しかし、Uberはこの枠を完全に取り除き、「車を所有するドライバーと乗客をアプリで直接つなぐ」というビジネスモデルを採用しました。

　このモデルでは、タクシー会社が抱える車両維持費やドライバー管理コストを削減し、利用者には手軽で低コストなサービスを提供できるようになりました。従来の枠に縛られない発想が、新たな市場を開拓し、タクシー業界全体に革新をもたらした好例です。

### 事例2：カフェチェーンの新たなアプローチ

　スターバックスコーヒーは、単なる「コーヒーを飲む場所」という枠組みを取り除き、「第三の居場所（サード・プレイス）」というコンセプトを打ち出しました。これは、家庭（第一の居場所）と職場（第二の居場所）の中間に位置する、リラックスできる空間を提供するというアイデアです。

　従来のカフェのデザインやサービスでは考えられなかった「長時間滞在」「無料Wi-Fiの提供」「座り心地のよい椅子の配

置」などが、この枠組みの転換によって実現しました。その結果、スターバックスは単なるコーヒーショップではなく、文化的な価値を提供するブランドとして成功を収めています。

### 事例3：教育分野での新たな枠組み

教育業界では、「対面で行う授業」が長らく主流でした。しかし、オンライン教育プラットフォームの登場は、この枠組みを取り除いた好例です。たとえば、CourseraやUdemyは、世界中の誰もがアクセス可能な学習機会を提供し、従来の学校教育の制約を超えた教育モデルを確立しています。

これにより、働きながら学びたい社会人や、遠隔地に住む学生が、高品質な教育にアクセスできるようになりました。この事例は、「既存の枠」を疑うことで、教育のあり方が大きく変わる可能性を示しています。

### 「既存の枠」を取り除くための視点

これらの事例に共通するのは、既存の方法に固執せず、ゼロベースで考える勇気と柔軟性です。「既存の枠」を取り除くためには、次のような視点が有効です。

#### ①顧客の本当のニーズを探る

従来の方法が顧客の真のニーズを満たしているかを問い直し

ます。

### ②他業界から学ぶ

他業界の成功事例やアプローチをヒントに、新たな視点を取り入れます。

### ③技術革新を活用する

最新の技術を組み合わせることで、従来の枠を超えた解決策を模索します。

### ④批判を恐れない

斬新なアイデアを追求する中での失敗や批判を学びとして捉え、前進する原動力とする。

---

### 小さな「枠」を取り除いた改善例

ある中小企業では、社内の会議資料を毎回印刷して配布していましたが、「なぜ印刷が必要なのか？」を疑った結果、クラウドストレージを活用して資料をデジタル化することに成功しました。この改善により、紙と印刷コストを大幅に削減し、業務効率も向上しました。このような小さな枠の見直しは、日常業務の改善にも大きな効果をもたらします。

# ユーザー視点と ゼロベース思考

## ユーザー視点の例

### ユーザー視点とは？

ユーザー視点とは、製品やサービスを提供する側ではなく、それを利用するユーザーの立場に立って物事を考えることを指します。この視点を取り入れることで、ユーザーの真のニーズや課題を発見し、より満足度の高い体験を提供することが可能

になります。

　従来の方法では、企業の都合や慣習にもとづいた発想が優先されることが多く、ユーザーの視点が置き去りにされがちです。しかし、ゼロベース思考と組み合わせることで、既存の枠組みにとらわれないユーザー中心のアプローチが可能になります。

### 実例①：オンラインショッピングの進化

　従来の小売業界では、店舗での買い物が主流でした。しかし、アマゾンや楽天などのオンラインショッピングプラットフォームは、「そもそも店舗に足を運ぶ必要があるのか？」というゼロベース思考を取り入れました。この考え方は、ユーザーの利便性に徹底的に焦点を当て、インターネットを活用した新しい購買体験を提供しました。

### 実例２：ダイソンの掃除機

　掃除機業界では、「吸引力は時間とともに低下する」という課題が長年続いていました。従来のメーカーは、この問題を当たり前のこととして、特に解決しようとはしませんでした。しかし、ダイソンは「吸引力が変わらない掃除機をつくれないか？」というユーザーの視点に立ち、従来の掃除機とは異なる仕組みを採用しました。その結果、世界的なブランドとなりました。

### 実例３：ユニクロのヒートテック

ユニクロは、単なる「安価な服の提供」にとどまらず、「快適さ」を追求することで新たな市場を開拓しました。その代表的な製品が「ヒートテック」です。ユーザーが寒さの中で「厚着をすると動きにくい」という課題を抱えていることに注目し、薄くても暖かい素材を開発し、世界中で大ヒットしました。

### ユーザー視点を活かしたゼロベース思考の方法

ユーザー視点を取り入れながらゼロベース思考を活用するには、以下のプロセスが有効です。

#### ①ユーザーの声を集める

アンケートやインタビュー、行動観察などを通じて、ユーザーがどのような課題を抱えているのかを徹底的に調査します。

#### ②ユーザーの「本当の課題」を見極める

表面的な意見にとどまらず、「なぜその課題が生じるのか？」を掘り下げます。たとえば、「店舗が混雑している」という意見の背景には、「レジの待ち時間が長い」「駐車場が使いにくい」といった具体的な問題が隠れていることがあります。

### ③制約を取り払ったアイデアを出す

従来の仕組みにとらわれず、ユーザーにとって理想的な解決策を考えます。この際、「すべてが可能なら何をするか？」という視点が重要です。

### ユーザー視点とゼロベース思考の組み合わせの成果

この組み合わせにより、従来の発想では気づけなかった革新的なアイデアが生まれやすくなります。たとえば、自動車メーカーは「車を所有する」という考え方を疑い、「必要なときだけ車を利用する」というカーシェアリングサービスを展開することで、新しい市場を創出しました。これは、ユーザーが車に求めている「移動手段としての利便性」に着目した結果です。

#### カフェでのユーザー視点を考える

あるカフェチェーンが「店舗に滞在する時間が長い客が多い」という課題に直面していました。従来の視点では、回転率を上げるために座席数を減らすなどの対策が検討されましたが、ゼロベース思考とユーザー視点を活用した結果、「持ち帰り専用店舗を増やす」という解決策が導き出されました。このアプローチは、回転率を高めるだけでなく、急いでいる顧客の利便性を向上させる効果もありました。

# (事例) 真逆の発想で考える

## 真逆の発想で生まれたヒット商品の例

**消せるボールペン**
消しゴムでインクを消せる

インクは消せないもの

**ポストイット**
開発の失敗で生まれた弱い接着剤を応用

接着剤は粘着力が強いもの

**ドン・キホーテ**
ごちゃごちゃした陳列で買い物の楽しさを演出

陳列はお客に見えやすくするもの

従来の考え方や常識をひっくり返してみよう！

### 真逆の発想とは？

真逆の発想とは、従来の考え方や常識を反転させることで、新しい視点や解決策を見つけるアプローチです。この手法は、既存の枠組みにとらわれがちな状況で特に有効です。「普通はこうするべき」という前提を疑い、「もし、まったく逆の方法

を取るとどうなるか？」と考えて、革新的なアイデアを引き出します。

### 事例1：Pay-as-you-wish（支払い自由制）

あるレストランチェーンが、価格設定に関する常識を覆した事例があります。このチェーンでは、「顧客が食事代を自由に決める」という仕組みを導入しました。従来のレストランでは、メニューごとに固定価格を設定するのが当然でしたが、「支払い自由制」という真逆の発想を取り入れたのです。

この仕組みは一見リスクが高いように思われましたが、実際には顧客の満足度が向上し、「正当な価格以上を支払う」顧客が多数現れる結果となりました。また、話題性が高まったことで多くのメディアに取り上げられ、宣伝効果も絶大でした。この例は、既存の常識を反転させることで、新しい価値を生み出せることを示しています。

### 事例2：グーグルの「20％ルール」

グーグルは、従業員が勤務時間の20％を自由なプロジェクトに使える「20％ルール」を導入しています。通常、企業では従業員に対し、業務時間を効率よく「決められた仕事」に充てることが求められます。しかし、グーグルはこれを逆転させ、「一定の時間をあえて自由に使わせることで、創造性を高め

る」という戦略を採用しました。この取り組みから、「Gmail」や「Googleマップ」などの革新的なプロダクトが生まれました。真逆の発想によって、従業員のやる気や創造性を引き出し、結果的に企業全体の成長につながったのです。

##  真逆の発想を活用するステップ

真逆の発想を取り入れるには、以下のステップが有効です。

### ①常識を洗い出す

現状のやり方や常識をリストアップします。たとえば、「飲食店ではメニューに価格を記載する」という前提を疑うことで、新しい方法を見つけるきっかけになります。

### ②真逆のアイデアを出す

常識や既存の方法を反転させて考えます。「価格を決めるのは店舗ではなく顧客」といったアイデアがここで生まれます。

### ③実現可能性を検討する

真逆のアイデアを現実に適用する際の課題やリスクを整理します。同時に、それが生む可能性や付加価値を考えます。

**真逆の発想を実践する際の注意点**

真逆の発想は、以下のポイントに留意すると効果的です。

①小規模な試験導入を行う

全体に適用する前に、一部のプロジェクトや部署で試験的に実施し、結果を検証します。

②目的を明確にする

なぜ真逆の発想が必要なのか、その背景や目的をチームで共有します。

③リスク管理を行う

新しい方法が失敗する可能性をあらかじめ考慮し、代替案を用意します。

### 日常生活での真逆の発想の活用

日常生活でも、真逆の発想を取り入れることで効率を改善できる場面があります。たとえば、家事の分担で「役割を固定する」のではなく、「1週間ごとに全員が担当を入れ替える」という方法を試すことで、新たな発見や効率の向上が生まれるかもしれません。

# （事例）新しい発想とその成果

## アイデア創出のためのオズボーンのチェックリスト

| 転用 | 応用 | 変更 |
|---|---|---|
| 他の使い道や改善で新しい使い道は？ | 何か、真似できるアイディアはないか？ | 見た目や音、匂いなどを変えてみたら？ |

| 拡大 | 縮小 | 代用 |
|---|---|---|
| 何かを加えて、大きく・強く・高くしたら？ | 何かを減らして、小さく・弱く・低くしたら？ | 他に代用できるものはないか？ |

| 置換 | 逆転 | 結合 |
|---|---|---|
| 要素・パターンを入れ替えてみたら？ | 上下・左右をひっくり返したら？ | 組み合わせたり混ぜてみたら？ |

 **新しい発想とは？**

　新しい発想とは、従来の考え方や枠組みにとらわれず、異なる視点や方法で物事を考えるアプローチのことです。これにより、これまで見すごされていた可能性や課題の解決策を発見することができます。

### 事例1：ネットフリックスのビジネスモデル転換

ネットフリックスは元々DVDの宅配レンタルサービスを提供する企業でした。しかし、創業当初から「インターネットを活用した動画配信サービスが将来的に主流になる」というビジョンを持ち、思い切って事業モデルを転換しました。

従来のレンタルビジネスでは、物理的なDVDをユーザーに届けるという制約がありましたが、ストリーミング技術を活用することで、これを完全に解消しました。さらに、ユーザーの視聴データを活用して個別にレコメンドを行う機能を導入し、顧客体験を大幅に向上させました。

結果として、ネットフリックスはDVDレンタル市場を超える成長を遂げ、世界中で2億人以上の加入者を抱える動画配信サービスのリーダーとなりました。この事例は、新しい発想が大きな成果を生む可能性を示しています。

### 事例2：エシカルファッションの台頭

ファッション業界では、環境負荷や労働環境の問題が長年の課題とされてきました。これに対し、新興ブランドや一部の既存企業は「エシカルファッション」という新しい発想を取り入れ、持続可能性を追求する製品を提供しています。

たとえば、廃棄物やリサイクル素材を活用した衣服の生産、透明性の高いサプライチェーンの構築、さらには修理やリユー

スを促進するサービスの提供など、従来の「大量生産・大量消費」モデルを見直しました。この取り組みは、環境意識の高い消費者から支持され、企業のブランド価値向上と新たな市場開拓につながっています。

### 新しい発想を実現するためのプロセス

新しい発想を実現するためには、以下のプロセスが効果的です。

#### ①課題を明確にする

現在の状況や課題を正確に把握し、どの部分に変化が必要なのかを特定します。

#### ②ブレインストーミングで自由に発想する

制約を設けず、さまざまなアイデアを出し合います。この際、「そんなの無理」といった否定的な反応は避けるべきです。

#### ③実現可能性を検討する

発案したアイデアを現実に適用するために、技術的、経済的、社会的な側面を検討します。

### ④小規模で試験的に実施する

リスクを最小限に抑えながら新しい方法を試し、フィードバックを得て改善を重ねます。

## 新しい発想の成果

新しい発想は、個人や企業に大きな成果をもたらす可能性があります。それは、業務効率の向上、新市場の開拓、顧客満足度の向上、さらには社会問題の解決につながることもあります。重要なのは、既存の枠組みにとらわれず、自由な発想を受け入れる姿勢を持つことです。

### 日常で新しい発想を活用する

新しい発想は、日常生活でも応用できます。たとえば、毎日の家事の効率を上げるために、家族全員で「作業の分担ではなく、同時に楽しむ」という新しい視点を試すことができます。休日に全員で料理をつくるイベントを設定すれば、家事が単なる義務ではなく、家族の交流の時間としての価値を持つようになるかもしれません。小さな工夫からでも、新しい発想は生活の質を向上させるきっかけになります。

# 第2章

# 論理的思考の基本的な手法

# 論理的思考における情報整理法

　ビジネスの現場では、複雑な情報を整理し、的確な意思決定を行うことが求められます。その際、論理的思考の手法である演繹法(えんえきほう)や帰納法(きのうほう)、そして MECE(ミーシー) といったフレームワークが非常に役立ちます。

　演繹法は、一般的な原則やルールから具体的な結論を導き出す手法です。たとえば、「すべての人間は死すべきものである」という大前提と「ソクラテスは人間である」という小前提から、「ゆえにソクラテスは死すべきものである」という結論を導くような論理展開です。
　一方、帰納法は、複数の具体的な事例や観察結果から一般的な結論を導き出す手法です。たとえば、複数の企業が新製品を

発売した後に売上が増加したという事実から、「新製品の投入は売上増加に寄与する」という一般的な結論を導くことができます。

さらに、MECEは「モレなくダブリなく」を意味し、情報を重複やモレがないように整理するフレームワークです。これにより、問題の全体像を把握しやすくなり、効率的な分析や意思決定が可能となります。

これらの手法を組み合わせて活用することで、情報の整理や分析がより効果的になります。たとえば、MECEを用いて情報を網羅的かつ排他的に分類し、そのうえで演繹法や帰納法を使って論理的な結論を導き出すといったアプローチです。

この章では、演繹法や帰納法、MECEの基本概念から具体的な応用方法までを解説します。さらに、グルーピングアプローチなど、実践的なテクニックも紹介します。これらの知識を身につけることで、情報整理のスキルが向上し、ビジネスシーンでの判断力が高まるでしょう。

この章を通じて、演繹法や帰納法、MECEの概念とその応用方法を学び、情報整理の達人を目指しましょう。

# 論理展開の2つのタイプ
## (演繹法と帰納法)

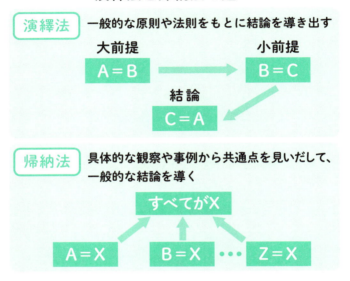

### 論理展開とは何か？

　論理的思考において重要なスキルの一つが「論理展開」です。論理展開とは、情報を整理し、筋道を立てて結論を導くプロセスを指します。その中でも代表的な手法が「演繹法」と「帰納法」です。これらはそれぞれ異なる特徴と役割を持ち、論理的

な思考を構築するうえで欠かせない柱となっています。

 ### 演繹法とは？〜一般から個別へ導く論理〜

演繹法は、一般的な原則や法則をもとに個別の結論を導き出す手法です。「すべてのAはBである」という大前提から、特定のAについてBが成り立つことを結論づけるプロセスが代表例です。

例として、以下のような論理を考えてみましょう：

- 大前提：すべての猫は哺乳類である。
- 小前提：ミケは猫である。
- 結論　：ミケは哺乳類である。

この手法の利点は、前提が正確であれば、必ず正しい結論に到達できることです。そのため、科学的な推論や法律の判断基準など、厳密な正確性が求められる場面で多用されます。

一方で、演繹法の欠点は「前提の正確性」に依存していることです。たとえば、「すべての鳥は飛べる」という誤った前提を使うと、飛べないペンギンの存在を見落とします。このように、前提が正しく設定されていないと結論も誤ってしまいます。

##  帰納法とは？〜個別から一般を導く論理〜

帰納法は、具体的な観察や事例から共通点を見いだし、一般的な結論を導く手法です。この方法は、まだ確立されていない規則や傾向を仮説として提案する際に有効です。

以下の例を見てみましょう：

- 観察１：このリンゴは赤い。
- 観察２：あのリンゴも赤い。
- 観察３：そのリンゴも赤い。
- 結論　：すべてのリンゴは赤い。

帰納法の利点は、未知の事象に対する仮説を生み出せる点にあります。そのため、研究や調査の初期段階で非常に役立ちます。ただし、観察が限定的である場合には誤った一般化を招くリスクがあります。上記の例では、黄色や緑色のリンゴの存在を見逃してしまう可能性があります。

## 演繹法と帰納法を使い分ける

両者の違いを理解することが重要です。演繹法は「確実性が必要な場面」で、帰納法は「未知の領域を探索する場面」で活躍します。

たとえば、新しいプロジェクトを立ち上げる際、帰納法を使

って過去のデータから市場の傾向を分析します。その後、演繹法を用いて、その分析結果をもとに具体的な戦略を設計するといった具合です。このように、場面に応じて両方の手法を組み合わせることがカギとなります。

### 身近な演繹法と帰納法

　日常生活においても、演繹法と帰納法は自然に使われています。たとえば、演繹法では「冬は寒い」という大前提をもとに、「今日の天気予報は冬日だから寒いだろう」と結論を導きます。一方、帰納法では「最近、夜に冷え込む日が続いている」という観察から、「明日も冷えるかもしれない」と予測します。

　これらを意識的に活用すれば、より論理的で的確な判断ができるようになります。日常の中で気づいたことを観察し、その情報をもとに結論を導く習慣をつけてみましょう。

# 論理展開における前提条件の重要性

## 前提は論理的思考におけるベース

前提が間違っていれば、推論や結論も間違ってくる！

```
    結論
   推論
  前提
```

前提を決めることが論理的思考の第一歩！

 **前提条件とは？**

　論理展開における前提条件は、議論や思考の基盤として極めて重要です。前提条件が明確でなければ、結論が正しいかどうか判断できず、誤解や議論の混乱を招きます。とくに異なる視点を持つ相手と意見を交換する際には、共通の前提を確認する

ことで議論が円滑に進みます。また、前提条件が妥当であるかを検証することで、論理の正確性や信頼性を向上させることが可能です。

論理展開において、前提条件は議論や結論を支える基盤となるものです。演繹法では前提が正しければ結論も正しくなりますが、前提に誤りがある場合、どれだけ精緻な論理を構築しても結論は信頼性を欠きます。同様に、帰納法でも観察に基づく前提が不正確であれば、導き出される仮説や結論が正確でない可能性があります。

たとえば、「この地域の若者は全員スマートフォンを持っている」という前提が設定された場合、そこから「新しいスマートフォン向けのアプリを開発すれば若者の需要を捉えられる」という結論を導けるかもしれません。しかし、もしその地域には実はスマートフォンを持たない若者が一定数いた場合、この結論に基づいた施策は失敗する可能性が高まります。

### 前提条件を明確にする重要性

社会人の場面で特に重要なのは、「当たり前」と思っている前提条件を意識的に確認し、共有することです。会議やプロジェクトにおいて、各メンバーが異なる前提を持っていると、議論が噛み合わず、非効率な結果を招くことがあります。

たとえば、あるプロジェクトで「予算の制限内で成果を出

す」という条件があるとしましょう。しかし、メンバーの一人が「予算は厳しい」と考え、別のメンバーが「十分な予算がある」と認識している場合、施策の方向性が食い違います。このような状態を防ぐためにも、最初に前提条件を明確にし、全員で共有することが不可欠です。

### 前提条件の確認方法

前提条件を確認する際には、次のような手順が役立ちます。

①明文化：前提条件をリストアップし、具体的に言葉で表現します。
②共有：メンバー間で前提条件を共有し、全員が同じ理解を持つようにします。
③検証：その前提が正しいかどうか、データや事実に基づいて確認します。
④修正：必要に応じて前提条件を見直し、更新します。

これらを意識的に行うことで、誤った前提に基づいた結論を避けることができます。

### 事例：前提条件を見直した成功例

ある企業が新製品の販売戦略を考える際、最初の前提条件と

して「ターゲット顧客は主に30代男性である」と設定しました。しかし、市場調査を行ったところ、実際には20代女性がこの製品に対して大きな関心を持っていることが判明しました。この情報をもとに、同企業はターゲット顧客を変更し、広告や販売方法を再設計しました。その結果、製品は大ヒットとなり、売上が予想を大きく上回る結果となりました。

　この例は、最初に設定した前提条件が正しくない場合でも、適切に確認し、修正することで成功に導けることを示しています。

## 日常生活での前提条件の確認

　日常生活でも、前提条件を意識することでよりよい判断を下せます。たとえば、「このレストランは夜も営業しているはずだ」という前提で訪れたら、休業日だったという経験はありませんか？　事前に営業日を確認するという一手間を加えることで、不要な時間と労力を避けることができます。

　こうした日常的な場面でも、前提条件の確認は大切です。小さな習慣の積み重ねが、より論理的で確実な意思決定を支えるのです。

# 演繹的な論理展開と
# その実例

## 演繹的な論理展開

30℃を超えるとアイスがよく売れる　　明日の気温は30℃超えが確実

### 演繹的な論理展開とは？

　演繹法は、一般的な原則や法則から具体的な結論を導き出す手法です。この論理展開は「もし大前提が真であるならば、その結論も必ず真である」という特徴を持っています。そのため、科学、法律、経営戦略など、厳密な正確性が求められる分野で

広く活用されています。

たとえば、次のような構造で演繹法は働きます：

- 大前提：すべての哺乳類は肺呼吸をする。
- 小前提：イルカは哺乳類である。
- 結論：イルカは肺呼吸をする。

ここで注目すべきは、前提が正しければ必ず正しい結論が得られる点です。逆に言えば、どちらかの前提が誤っていれば、導かれる結論も正しくありません。

### 演繹法の実例：ビジネスにおける応用

ビジネスシーンでは、演繹法を用いることで効率的に意思決定を行えます。たとえば、新しい製品を発売する際に次のような論理展開が可能です。

- 大前提：過去のデータから、ユーザーの70%以上は価格が手頃な製品を選ぶ傾向がある。
- 小前提：今回の製品は市場で最も手頃な価格に設定されている。
- 結論：今回の製品は多くのユーザーに選ばれる可能性が高い。

このように、データにもとづいた前提を設定すれば、戦略的な結論を導けます。ただし、前提が変わると結論も大きく変わるため、定期的な見直しが必要です。

## 演繹法が成功した事例

演繹法を活用した成功例として、あるアパレルブランドの戦略が挙げられます。このブランドは次のような論理展開でビジネスを展開しました。

- 大前提：消費者は新しい季節ごとに最新のトレンドを求める。
- 小前提：当社のデザインは最新のトレンドにもとづいている。
- 結論：当社の製品は今シーズンの消費者ニーズを満たす。

この論理にもとづいて、同ブランドはシーズンごとに迅速にトレンドを反映した新商品を展開しました。その結果、消費者から高い支持を得て、競争の激しい市場でシェアを拡大することができました。

## 演繹法を活用する際の注意点

演繹法の最大の課題は、前提の妥当性です。もし前提が現実

と合致していなければ、正しい結論にはたどりつきません。たとえば、「若年層のほとんどがソーシャルメディアを利用している」という前提が時代遅れで、若年層の行動が変化していれば、その基盤で導かれた戦略は失敗に終わるでしょう。

したがって、演繹法を用いる際には次のような手順を取り入れるべきです。

①前提の妥当性を確認:データや市場調査をもとに前提が現実に合っているか検証する。
②継続的に前提を見直す:環境や条件が変化した場合、前提も更新する。
③結果をモニタリングする:結論にもとづいて行動した結果を分析し、仮説の正しさを確かめる。

## 演繹法を身近に活用する例

日常生活でも、演繹法を使う場面は少なくありません。たとえば、「晴れの日は傘がいらない」という大前提をもとに、「今日は晴れているから傘を持っていかなくていい」という結論を導くことが挙げられます。

ただし、天気が急変した場合、この前提は簡単に崩れます。演繹法を正しく活用するには、「大前提」の正確さを常に意識することが重要なのです。

# 演繹法を使用する際の注意点

## 演繹法の注意点

注意点

① 前提が不正確な場合、論理的に正しくても間違った結論が出てしまう

② 前提の適用範囲を超えて結論を導いてしまうと誤解が生ずる

③ 多様な視点や複雑な背景を見落とすリスクが生ずる

### 演繹法の強みと落とし穴

　演繹法は、「前提が正しければ、必ず正しい結論を導ける」という強力なツールです。しかし、その強さゆえに、適切に使わないと重大な誤解や失敗を招く可能性もあります。とくに注意すべき点は、前提の妥当性と適用範囲の限界です。

### 注意点1：前提が不正確な場合のリスク

演繹法の結論は前提に大きく依存します。もし前提が事実にもとづいていなければ、いくら論理が正しくても結論は信頼できません。たとえば、次のような例を考えてみましょう。

- 大前提：すべての学生はSNSを利用している。
- 小前提：田中さんは学生である。
- 結論　：田中さんはSNSを利用している。

一見すると正しいように見えますが、大前提が間違っていれば結論も誤りとなります。実際にはSNSを利用しない学生も一定数いるため、この結論をもとにした施策や意思決定は適切ではありません。

対策として、前提を設定する際にはデータや調査結果をもとに事実確認を行い、根拠のある前提を用いる必要があります。

### 注意点2：前提の適用範囲の限定性

前提が正しくても、その適用範囲を超えて結論を導いてしまうと、誤解が生じます。たとえば、次のような論理展開を考えます。

- 大前提：高齢者は健康志向が高い。
- 小前提：鈴木さんは高齢者である。
- 結論　：鈴木さんは健康志向が高い。

この論理は一見正しいように思えますが、健康志向が高い高

齢者が多いという傾向はあっても、すべての高齢者に当てはまるわけではありません。鈴木さん個人の行動や趣味嗜好を無視した結論を導くことは、誤解や不適切な対応につながる可能性があります。

適用範囲を明確にするためには、「多くの」「一般的には」などの限定表現を用いることや、個別ケースの詳細な分析を並行して行うことが重要です。

### 注意点3：多様な視点を無視する危険性

演繹法は、論理を直線的に展開するため、多様な視点や複雑な背景を見落とす危険性があります。たとえば、次のような結論を急ぎすぎる場面を考えてみましょう：

- 大前提：早起きは健康によい。
- 小前提：Aさんは夜型の生活をしている。
- 結論　：Aさんは健康に悪い生活をしている。

この結論は「早起き」という単一の要因に基づいていますが、実際の健康状態は食事、運動、睡眠の質など多くの要素が絡み合っています。このように、単純な演繹法だけに頼ると本質を見失いかねません。

### 具体的な対策：演繹法の適切な活用法

演繹法を安全に活用するためには、次のステップを意識しま

しょう。
- ①前提の精査：前提条件を明確にし、それが現実に合致しているかを確認します。
- ②適用範囲の限定：結論が特定の範囲内でのみ有効であることを意識し、過剰な一般化を避けます。
- ③他の手法との併用：帰納法や他の思考手法を組み合わせて、複数の視点から検討します。
- ④結果のフィードバック：実行後に結果を振り返り、前提や結論の妥当性を再評価します。

### 前提を見直した失敗の回避例

あるレストランが「健康志向の顧客は野菜中心のメニューを好む」という前提で新メニューを導入しました。しかし、売上は伸び悩みました。調査の結果、顧客が重視していたのは「低カロリー」であって、野菜そのものではありませんでした。この失敗を教訓に、レストランは前提条件を修正し、カロリー表示を強調したメニューを作成し、売上は大幅に向上しました。前提条件を定期的に見直すことの重要性がわかる事例です。

# 帰納的な論理展開とその実例

**帰納的な論理展開**

**複数の事象**

営業部 Aさん
毎日フィットネスクラブに通っている

営業部 Bさん
毎朝野球部の早朝練習に参加している

営業部 Cさん
毎晩1時間ジョギングをしている

**結論**
営業部の人たちは毎日何らかのスポーツをやっている

## 帰納法とは？

　帰納法は、特定の観察や事実をもとに、一般的な結論や法則を導き出す手法です。個別の事例を積み上げて共通点を見出し、それを一般化するプロセスとして多くの場面で活用されています。科学的な仮説の構築や、ビジネスにおける市場分析でもよ

く使われます。

たとえば、以下のような観察があったとします：

- 観察1：営業部のAさんは、毎日フィットネスクラブに通っている。
- 観察2：営業部のBさんは、毎日野球部の早朝練習に参加している。
- 観察3：営業部のCさんは、毎晩1時間程度ジョギングをしている。

これらの観察をもとに「営業部の人は、毎日スポーツをしている」という一般的な結論を導き出すのが帰納法です。

### 帰納法の特徴

帰納法の魅力は、未知の領域について仮説を立てる能力にあります。観察にもとづいて新しい知見や法則を見出すことで、直感では気づけなかったアイデアを発見することができます。一方で、すべてのケースを網羅しているわけではないため、一般化が誤りとなるリスクも伴います。

たとえば、「すべての白鳥は白い」という結論は、白い白鳥しか観察されていなかった時代には正しいとされていました。しかし、オーストラリアで黒い白鳥が発見されたことで、この

一般化は崩れてしまいました。この例は、帰納法が「完全な証明」ではなく「仮説」を提案するものであることを示しています。

## 帰納法の実例：マーケティングにおける活用

帰納法はビジネスシーンで頻繁に利用されています。とくにマーケティングでは、顧客の行動を観察し、それをもとにした仮説を立てるプロセスが重要です。

たとえば、ある化粧品メーカーが帰納法を用いて市場調査を行ったケースを考えます。この調査では、以下のような観察が得られました：

- 観察1：都市部の20代女性は天然由来成分の製品を好む。
- 観察2：地方都市でも、同じ年齢層の女性が天然由来成分を重視している。
- 観察3：同じ条件で調査した他の地域でも、同様の傾向が確認された。

これらの観察をもとに「20代女性に対して、天然由来成分を強調した商品を販売すれば売上が伸びる」という結論を導きました。この仮説にもとづき、新しい商品ラインを投入した結果、大成功を収めることができました。

## 帰納法の限界

帰納法の結論は、観察された範囲内でのみ有効です。そのため、未観察の事例や環境変化がある場合には、結論が成り立たなくなることがあります。また、観察データが偏っていると、誤った一般化をしてしまうリスクもあります。

たとえば、「雨の日には傘を持つ人が多い」という仮説を立てた場合でも、調査地域が特定の文化に限定されていると、他の地域では同じ結論が適用できないかもしれません。

### 日常での帰納法の例

日常生活でも帰納法は多く使われています。たとえば、「家の近くにあるコンビニは朝7時に開店する」という観察をもとに、「他のコンビニも朝7時に開店するだろう」と推測するのは帰納法の一例です。

ただし、この推測が成り立たないケースもあることを意識しておくべきです。たとえば、24時間営業の店舗や、地域特有の営業時間がある場合には、この仮説は当てはまりません。観察から結論を出す際には、例外が存在する可能性を常に考慮しましょう。

# 帰納法を使用する際の注意点

## 帰納法の注意点

注意点

① 観察データに誤りがあると「誤った一般化」を引き起こしてしまう

② 一部の事例をすべての事例として扱うなど、「過剰な一般化」を引き起こしてしまう

③ 観察範囲が狭い場合、その範囲外での結論が成り立たない可能性が生ずる

④ 反例の存在を無視して仮説を進めると、誤った方向に進むリスクが高まる

### 帰納法の魅力とリスク

帰納法は、観察や具体的な事実から新しい仮説や一般的な結論を導くための有効な手法です。しかし、その柔軟性ゆえに、注意深く扱わなければ誤った結論に陥るリスクも伴います。

### 注意1：観察データの偏り

帰納法の結論は、観察されたデータにもとづいて導かれます。そのため、データに偏りがあると、誤った一般化を引き起こす可能性があります。

たとえば、「新商品のアンケート調査で80％の顧客が満足と回答した」という結果があったとします。しかし、このアンケートが特定の地域や特定の年代に偏った回答者から得られたものであれば、その満足度をすべての顧客に当てはめることは危険です。このような場合、サンプルを多様化し、統計的に意味のあるデータを収集することが重要です。

### 注意点2：過剰な一般化のリスク

帰納法では、個別の事実から結論を導くため、「一部の事例」を「すべての事例」として扱う過剰な一般化に陥るリスクがあります。

たとえば、「休日に近所の公園で犬を散歩させている人を多く見かけた」ことから、「犬を飼っている人はみな休日に公園に行く」という結論を導くのは過剰な一般化です。実際には、散歩しない犬の飼い主もいれば、休日に別の場所を選ぶ人もいます。

対策としては、「可能性が高い」「多くの場合」などの限定的な表現を用いて結論を補足することが有効です。

### 注意点3：観察範囲の限界

帰納法では、観察範囲が狭い場合にその範囲外での結論が成り立たない可能性があります。これを防ぐためには、観察データをできるだけ多様な環境や条件下で収集する必要があります。

たとえば、「都市部の若者はオンラインショッピングを利用する」という観察があった場合でも、その結論を地方や海外の若者に当てはめることはできないかもしれません。このように、観察範囲を拡大し、結論の適用範囲を正確に定義することが求められます。

### 注意点4：反例の存在

帰納法で導いた結論に反する事例（反例）が存在する場合、その結論は修正を迫られることがあります。反例を無視して仮説を進めると、誤った方向に進むリスクが高まります。

たとえば、「この地域では夏に雨が少ない」という観察をもとに、「この地域では夏は必ず雨が少ない」と結論を出したとします。しかし、異常気象などによって反例が生じた場合、この結論は信頼性を失います。

## 帰納法を正しく使うためのポイント

帰納法をより安全かつ効果的に使うためには、次の点を意識しましょう。

①多様なデータを収集する：観察範囲を広げ、偏りを減らす努力を行います。

②反例を検討する：結論に矛盾する事例がないか常に確認します。

③仮説を柔軟に修正する：新しい観察や反例が現れた際には、仮説を見直す姿勢を持ちます。

④他の論理手法と組み合わせる：帰納法で得た仮説を演繹法で検証するなど、複数の手法を併用します。

### 反例を無視した失敗例

ある飲食店が「若年層は辛い味を好む」という観察をもとに新しい辛口メニューを開発しました。しかし、顧客から「辛すぎる」「味のバリエーションが少ない」といったクレームが相次ぎ、売上が伸びませんでした。調査を進めたところ、辛さを好む若年層もいる一方で、辛い料理を避ける若年層も多いことが判明しました。

このケースは、観察データの偏りと反例の存在を無視したことが失敗につながった例です。仮説を進める際には、常に例外の可能性を考慮することが重要です。

# 複合的な論理展開の手法

## 帰納法と演繹法の関係

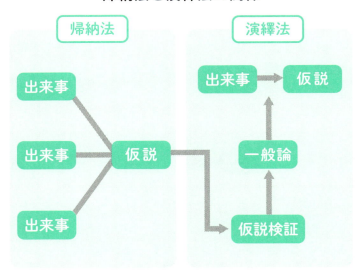

### 複合的な論理展開とは？

　複合的な論理展開とは、演繹法や帰納法といった基本的な手法を組み合わせ、より柔軟かつ実践的な結論を導き出すアプローチです。現実の課題解決では、単一の論理手法だけでは十分でない場合が多いため、複数の視点や方法を統合して分析を

行うことが求められます。たとえば、企業が新商品を開発する際、まず帰納法を用いて市場のトレンドや顧客ニーズを把握し、その結果をもとに演繹法で具体的な販売戦略を設計する、といった流れが典型的な複合的な論理展開の一例です。

## 複合的な論理展開のメリット

### ①柔軟性の向上

複数の手法を組み合わせることで、単一の手法では見落とされがちな視点や可能性を考慮できるようになります。たとえば、帰納法だけに頼ると観察データの偏りに引っ張られるリスクがありますが、演繹法を加えることで仮説を客観的に検証できます。

### ②結論の信頼性向上

演繹法の厳密性と帰納法の発見性を組み合わせることで、結論の妥当性が高まります。観察データをもとに導いた仮説（帰納法）を検証し、理論的に補強する（演繹法）プロセスは、特に科学的研究や戦略設計において効果的です。

## 複合的な論理展開の実例

複合的な論理展開が有効に働いた事例として、あるIT企業の新サービス開発プロジェクトを考えます。この企業は次のよ

うなプロセスを踏んで成功を収めました。

### ①帰納法による市場調査
　顧客アンケートや利用者データを分析し、「多くのユーザーが利便性と低コストを求めている」という仮説を立てました。

### ②演繹法による戦略設計
　「低コストで高利便性を提供するためにはクラウド技術が最適である」という業界の原則をもとに、新サービスの技術基盤を設計しました。

### ③結果の検証
　実際にサービスを導入した顧客からのフィードバックを集め、仮説と戦略の有効性を検証。必要に応じて改善を重ね、サービスの質を向上させました。

　この一連の流れは、複数の手法を組み合わせることで、データにもとづいた実用的な結論を引き出し、成功に導いた例です。

## 複合的な論理展開を活用する際のポイント
### ①適切な手法を選ぶ
　課題の性質や目的に応じて、演繹法、帰納法、あるいはその

他の手法を適切に選択・組み合わせます。

### ②段階的に進める
　帰納法で仮説を立て、それを演繹法で検証するといったように、プロセスを段階的に進めることで論理の飛躍を防ぎます。

### ③結果をフィードバックする
　複合的な論理展開は、一度で完璧な結論を得ることが目的ではありません。結果を振り返り、次の段階に活かすことで、よりよい結論へと進化させます。

---

### 日常での複合的な論理展開

　日常生活にも複合的な論理展開を応用できる場面があります。旅行の計画を立てる際、次のプロセスが考えられます。

　①帰納法で「過去の経験から、オフシーズンの観光地は混雑が少ない」という仮説を立てる。

　②演繹法で「この観光地はオフシーズンだから、宿泊施設も予約が取りやすいだろう」と予測する。

　③実際に予約を試みて、その仮説を確認する。

　このように、帰納法と演繹法を柔軟に組み合わせることで、論理的な判断が可能になります。

# 原因究明の「なぜ」を繰り返す方法

## 「なぜ」を繰り返して、問題の根本原因を突きとめる

### 「なぜ」を繰り返す原因究明とは？

　問題を解決するためには、その根本原因を突き止めることが重要です。表面的な要因だけでなく、問題の深層にある本質的な理由を探る手法として、「なぜ」を繰り返す方法があります。この手法は、特にトヨタ生産方式で用いられる「5回のなぜ」

が有名であり、問題解決の現場で広く採用されています。

この方法の基本的な考え方は、問題に対して「なぜ、そのような結果が生じたのか」を繰り返し問い続けることで、根本原因を明らかにするというものです。たとえば、製品の不良が発生した場合、「不良がなぜ発生したのか」を追求し続けることで、単なる作業ミスではなく、設備の老朽化や設計上の欠陥といった根本的な課題にたどり着くことができます。

### 「なぜ」を繰り返す手順

この手法を効果的に活用するには、次のようなステップを踏むことが推奨されます。

#### ①問題を明確にする

解決すべき課題やトラブルを具体的に定義します。たとえば、「納期に遅れた」という問題を設定します。

#### ②はじめの「なぜ」を問いかける

なぜその問題が発生したのか、最初の原因を探ります。たとえば、「なぜ納期に遅れたのか?」→「製品の出荷が遅れたから」という答えが得られます。

### ③繰り返し問いかける

さらに「なぜ」を繰り返します。「なぜ製品の出荷が遅れたのか？」→「生産スケジュールがずれたから」。これを5回程度繰り返し、根本的な原因にたどり着きます。

### ④根本原因を特定する

最後に、「これ以上問う必要がない」という段階に至ったとき、それが根本原因です。

## 「なぜ」を繰り返す際の注意点

### ①責任追及ではなく原因探しに集中する

「なぜ」を繰り返す過程で個人の責任に焦点を当ててしまうと、建設的な議論が阻害されます。原因そのものに焦点を当てることが重要です。

### ②データや事実にもとづいた問いかけをする

感覚や推測ではなく、事実にもとづいて「なぜ」を問いかけます。これにより、客観的で実用的な結論が得られます。

### ③適切な回数で止める

「なぜ」を繰り返す回数に固執せず、問題の本質にたどり着いたと感じた段階で十分です。場合によっては5回未満でも十

分な場合があります。

 ### 他分野への応用

「なぜ」を繰り返す手法は、製造業だけでなく多くの分野で応用可能です。たとえば、マーケティング分野では、売上減少の原因を探る際にこの手法が役立ちます。また、個人のキャリアプランや日常的な課題解決にも応用できます。

---

### 「なぜ」を繰り返した日常の改善例

日常生活でも「なぜ」を繰り返す手法は有効です。たとえば、「最近、朝の準備が間に合わない」という問題に対して以下のように問いかけていきます。

①なぜ準備が間に合わないのか→朝起きるのが遅いから。

②なぜ朝起きるのが遅いのか？ →夜更かししてしまうから。

③なぜ夜更かししてしまうのか？ →寝る前にスマホを見てしまうから。

この例では、スマホの使用を見直すことで朝の問題が解決する可能性が示されます。「なぜ」を繰り返すことで、問題の本質にたどり着き、効果的な解決策を見つけられるのです。

# 失敗から学ぶ原因究明の方法

## 失敗を学びに変えることの重要性

**失敗を繰り返す人／会社**

失敗 →
- 認めない
- 隠す
- 犯人捜しをする

**失敗を学びに変えられる人／会社**

失敗 →
- 認める
- 組織内で報告や共有をする
- 学習のチャンスとポジティブに捉える

### 失敗を学びに変える重要性

　失敗は避けたいものですが、成長や改善において不可欠な要素でもあります。とくに、失敗の原因を究明し、同じ過ちを繰り返さないよう対策を講じることは、個人や組織が前進するための基本です。失敗から学ぶには、ただ原因を特定するだけで

なく、その背後にある深層的な問題を理解し、改善につなげる姿勢が求められます。

##  原因究明の基本ステップ

失敗を学びに変えるには、次のステップを踏むと効果的です。

### ①事実を確認する

失敗に関するすべての事実を収集し、感情や推測を排除します。客観的な視点で事実を明確にすることが、適切な原因究明の第一歩です。

### ②直接原因を特定する

失敗の表面的な要因を見つけます。たとえば、納期遅延が発生した場合、その直接原因が「材料の供給が遅れた」であることを特定します。

### ③根本原因を探る

直接原因に対して「なぜ」を繰り返すことで、深層的な問題を明らかにします。「材料供給の遅れ」の背後に「サプライヤー選定プロセスの欠陥」があるかもしれません。

### ④対策を考える

原因が特定できたら、それを解消するための具体的な対策を検討します。

### ⑤再発防止策を実行する

同じ失敗が起こらないよう、改善策を確実に実施し、効果をモニタリングします。

## 具体例：プロジェクトの失敗を振り返る

ある企業が新商品を発売した際、販売数が予測を大幅に下回る結果となりました。この失敗を学びに変えるために、次のような原因究明が行われました。

### ①事実の確認

市場投入後1カ月で販売目標の30％しか達成できていないことが確認されました。

### ②直接原因の特定

販売不振の理由として、商品のターゲット層とのミスマッチが判明しました。

### ③根本原因の追及

なぜターゲットのミスマッチが起こったのかを分析した結果、商品企画時の市場調査が不十分だったことがわかりました。

### ④対策の検討と実施

次回の新商品開発では、より詳細な市場調査とターゲット分析を実施するプロセスを導入しました。また、プロトタイプ段階で消費者テストを行う仕組みを取り入れました。

---

## 日常での失敗からの学び

日常生活でも、失敗を振り返ることで改善につなげることができます。たとえば、「会議に遅刻してしまった」という失敗を次のように振り返ることができます。

①事実の確認：会議の開始時間を誤解していた。
②直接原因　：スケジュールの確認が不十分だった。
③根本原因　：毎朝の予定確認を怠っていた。

この場合、朝のルーティンに予定確認を追加することで、遅刻の再発を防ぐことができます。小さな失敗でも学びに変える姿勢が大切です。

# 因果関係を理解し正確に用いる方法

## 因果関係と相関関係の違い

**相関関係**
Aが……するとき、Bも同時に……する
(AとBの間に、原因と結果の論理性はない)

**因果関係**
Aが……するとき、
Aが原因でBも……する
(AとBの間に、原因と
結果の論理性がある)

 **因果関係とは？**

　因果関係とは、「ある出来事や要因が、別の出来事や結果を引き起こす関係」を指します。たとえば、「雨が降る（原因）」ことで「地面が濡れる（結果）」という関係が典型的な例です。因果関係を正確に理解することは、問題解決や意思決定におい

て不可欠なスキルです。

　しかし、因果関係を誤解すると、誤った結論にもとづいた行動をとるリスクがあります。そのため、原因と結果を正しく認識し、適切な対策を講じる能力が重要です。

 **因果関係を見極める3つのポイント**

**①時間的順序**

　原因が結果よりも先に起こる必要があります。たとえば、「広告キャンペーンを実施した後に売上が増加した」場合、因果関係の可能性がありますが、逆の順序では因果関係として成り立ちません。

**②相関関係との違い**

　因果関係と相関関係を混同しないことが大切です。相関関係は、2つの出来事が同時に発生する関係を指しますが、必ずしも一方が他方の原因であるとは限りません。たとえば、「アイスクリームの消費量が増えると溺死者が増える」というデータがあったとしても、これらは「夏季の気温上昇」という共通要因に起因している可能性があります。

**③その他の要因の排除**

　原因と結果の間に第三の要因が介在していないかを確認しま

す。たとえば、「新しい販売戦略が成功した理由が広告の変更ではなく、競合の撤退だった」というケースがあります。他の要因を考慮せずに結論を出すと、誤解を招く恐れがあります。

##  因果関係を正しく分析する手順

### ①事実を収集する

　因果関係を分析する前に、関連するデータや観察結果を収集します。信頼性の高い情報源をもとにすることで、偏りを減らすことができます。

### ②仮説を立てる

　収集した事実をもとに、「原因」と「結果」の関係を仮定します。この段階では複数の仮説を立てることが重要です。

### ③検証する

　仮説を検証するためのデータや実験を行います。たとえば、ある広告キャンペーンが売上増加の原因かどうかを確認するために、キャンペーンを行った地域と行わなかった地域のデータを比較します。

### ④フィードバックを受ける

　検証結果にもとづいて因果関係を見直し、必要に応じて仮説

やデータの解釈を修正します。

### 実例：マーケティングにおける因果関係

マーケティングの因果関係の誤解として、「広告費を増やした月に売上が上がったため、広告が売上増加の原因だと結論づける」ケースが挙げられます。しかし、実際には季節性やキャンペーン期間など他の要因が売上に影響している可能性があります。たとえば、年末商戦の影響で自然に売上が伸びたタイミングで広告費を投入しただけかもしれません。このような場合、因果を誤解すると広告投資の効果を過大評価し、非効率な戦略を選んでしまうリスクがあります。

### 日常生活での因果関係の誤解

日常生活でも因果関係を誤解することがあります。たとえば、「このサプリを飲み始めたら風邪を引かなくなった」という経験があるかもしれません。しかし、それが本当にサプリの効果なのか、あるいは季節的な要因や他の生活習慣の変化によるものなのかを検証しないと、正しい判断はできません。

因果関係を正しく理解することで、日常の意思決定もより合理的になるでしょう。

# （事例）因果関係の誤解とその影響①

## 原因と結果に本当に因果関係はあるか？

広告・キャンペーン活動を行った

自社製品の売り上げが伸びた

競合他社が製品リコールを行った

事象の真の原因を見極めよう！

### 因果関係の誤解による課題

　因果関係を誤解すると、問題解決や意思決定が大きく影響を受ける可能性があります。その誤解の典型例として、「相関関係」と「因果関係」を混同することが挙げられます。相関関係は、二つの出来事が同時に発生している状況を指しますが、そ

れが必ずしも一方が他方の原因であることを意味するわけではありません。この違いを理解しないと、間違った結論を導き出してしまうことがあります。

### 実例：マーケティングの失敗

ある飲料メーカーが、自社製品の売上低迷を打開しようと広告キャンペーンを展開しました。このキャンペーン期間中、売上は一時的に増加したため、担当者は「広告が売上増加の原因である」と判断しました。ところが、詳細な分析を行ったところ、売上増加の主な理由は、キャンペーン期間中に競合他社が製品リコールを実施したことによるものであることが判明しました。

つまり、売上増加と広告キャンペーンには相関関係はあったものの、広告が直接的な原因ではなかったのです。この誤解がもとで、企業はその後も同様の広告に多額の予算を投じたものの、売上にはほとんど影響を及ぼしませんでした。

### 誤解の影響と教訓

このような因果関係の誤解は、組織に次のような悪影響を及ぼします。まず、リソースの無駄遣いです。誤った原因にもとづいた施策に多くの予算や労力を投入してしまい、本当に必要な改善策が見すごされる可能性があります。また、結果が得ら

れない場合、従業員の士気が低下し、チーム全体の効率が落ちるリスクも生じます。

この事例が示す教訓は、表面的な相関関係に飛びつくのではなく、データを慎重に分析し、真の因果関係を特定する努力が必要だということです。売上増加の背景にある複数の要因を検討し、それぞれの影響を評価することで、初めて有効な施策を講じることができます。

## 因果関係を正確に理解するための工夫

因果関係を正確に理解するためには、表面的なデータや出来事のつながりをそのまま受け入れるのではなく、冷静に背景や理由を考えることが重要です。まず、「ある出来事が同時に起こること」と「一方がもう一方を引き起こすこと」は異なることを認識する必要があります。結果を急いで結びつけるのではなく、慎重に原因を探ることが大切です。

具体的な方法としては、小さな実験を行うのが有効です。新しい施策や広告を全体に展開する前に、一部のお客さんだけに試してみて、その効果を確認することができます。たとえば、広告を見たグループと見なかったグループで売上の違いを比較することで、広告がどれだけ効果を発揮しているかを正確に評価できます。

また、データを見る際には、「なぜこの結果が起きたの

か?」という問いを常に持つことが重要です。単に数字を分析するだけではなく、その背景にある理由を考えることで、本当の原因を見つける助けになります。

さらに、外部の要因も考慮する必要があります。競合他社の動きや社会的な出来事が結果に影響している場合、自分たちの施策の効果を正しく判断することが難しくなります。

結局のところ、因果関係を正確に把握するには、見た目の結果だけに惑わされず、実験や分析を通じて慎重に背景を探ることが大切です。そして、多様な視点を取り入れながら検討を重ねることで、より正確な判断と効果的な意思決定が可能になります。

### 日常生活での因果関係の誤解

日常生活でも因果関係の誤解は起こり得ます。たとえば、「夜遅くまで勉強をすると成績が上がる」という仮説があったとしても、それが本当に勉強の量によるものなのか、それとも試験直前に集中することで理解が深まっただけなのかなど他の要因を考える必要があります。事象を深く観察し、複数の要因を探る姿勢が、正しい因果関係の理解につながるのです。

# (事例) 因果関係の誤解と その影響②

**因果関係を誤解すると、誤った結果を招く！**

勉強時間が長い　→　学力が高い

教育関係者：生徒に家庭での勉強時間をもっと増やさせよう！

実際は、親の学歴や経済力が原因だった

## 因果関係の誤解が招く思わぬ結果

　因果関係の誤解は、意図しない問題を引き起こす可能性があります。とくに、目に見えるデータや事象だけをもとに結論を急ぐ場合、誤った方向に意思決定が進むことが少なくありません。このような誤解を避けるには、表面的な相関だけでなく、

背景にある要因を慎重に分析することが求められます。

## 実例：教育政策の失敗

ある地方自治体が、学校の学力向上を目指して「生徒の家庭での勉強時間を増やす」施策を打ち出しました。この施策の背景には、「勉強時間が長いほど学力が高い」という相関データがありました。しかし、この因果関係を過信した結果、政策が十分な効果を発揮しなかったばかりか、生徒や家庭に不要な負担を与える結果となりました。

施策実施後、教育関係者が詳しく分析したところ、学力の高さを決定づけていたのは勉強時間そのものではなく、親の学歴や経済的な安定性といった家庭環境の要因であることがわかりました。つまり、「勉強時間が長い」という事象は、学力が高い生徒に共通して見られる副次的な特徴にすぎず、直接の原因ではなかったのです。

## 誤解の影響と改善の必要性

この施策の結果、次のような問題が生じました。

一つ目は、生徒や家庭への過剰な負担です。自治体が推奨する勉強時間を守ろうとするあまり、生徒たちの自由時間やリフレッシュの機会が減少しました。

二つ目は、学力向上への効果がほとんど見られなかった点で

す。誤った因果関係にもとづく施策は、実効性がないばかりか、資源の浪費にもつながります。

この経験を通じて自治体は、相関データだけで政策を決定するリスクを痛感しました。その後の改善として、勉強時間の増加だけでなく、家庭のサポート体制や学校での指導方法を包括的に見直す施策に切り替えました。

## 「ニワトリとタマゴ」の関係を因果関係と混同する

因果関係を「ニワトリとタマゴの関係」と混同する典型的な事例は「顧客満足度が高いと売上が上がる」という考え方です。一見すると、顧客満足度が上がることが売上の増加を引き起こすように思えます。しかし、逆に「売上が上がったから顧客満足度が高くなる」という可能性も否定できません。たとえば、売上が伸びることで企業が利益を再投資し、サービスや商品を改善した結果、顧客満足度が向上するというケースもあります。このような状況では「満足度が高いから売上が増えるのか、それとも売上が増えたから満足度が高まるのか」という因果の方向が曖昧なまま議論されることがあります。

この混同を避けるためには、時間の流れや具体的なデータを分析する必要があります。たとえば、満足度を向上させる施策を意図的に導入し、その後の売上を観察することで、どちらが原因でどちらが結果なのかを検証することができます。

### 因果関係を誤解しないために

この事例が示すように、表面的なデータに飛びつくことの危険性を認識することが重要です。背景にある複雑な要因を丁寧に探ることで、より効果的な施策や意思決定が可能となります。また、因果関係の正確な把握には以下のような取り組みが必要です。

一つ目は、データの多角的な分析です。たとえば、学力の高さに影響を与える可能性のある変数を幅広く調査し、それぞれの寄与度を評価する方法が考えられます。

二つ目は、仮説の検証を繰り返す姿勢です。一つの結論に固執せず、実験や試行錯誤を通じて柔軟にアプローチを調整することが重要です。

## 因果関係を深く考える習慣

日常生活においても、因果関係の誤解は起こり得ます。たとえば、「新しいサプリを飲み始めたら、疲れにくくなった」という経験があったとしても、それがサプリの効果なのか、生活習慣の変化や気候の影響なのかを特定するのは簡単ではありません。因果関係を正確に理解するには、主観に頼らず、冷静にデータや状況を観察する姿勢が求められます。

# 仮説思考の実践とその重要性

## 仮説思考のプロセス

① 問題の定義 → ② 仮説の立案 → ③ 仮説の検証 → ④ 仮説の修正 → ②へ

原因を見つけるには仮説を立てるのが効果的！

### 仮説思考とは？

　仮説思考とは、問題解決や意思決定の過程で「まず仮説を立て、その検証を通じて正解に近づく」というアプローチを指します。すべての情報を集めてから結論を導くのではなく、初期段階での仮の結論を設定し、それにもとづいて行動を開始する

のが特徴です。

　この手法の強みは、限られた時間やリソースの中で効率的に解決策を探れる点にあります。とくに、情報が不完全な状況でも迅速にアクションを起こせるため、ビジネスの現場やプロジェクトマネジメントで重宝されます。

### 仮説思考の重要性

　仮説思考は、複雑な課題に対して方向性を示す羅針盤の役割を果たします。たとえば、新商品を開発する際、すべての市場データを収集してから行動するのではなく、「ターゲット層は20代女性で、天然素材にこだわった商品が好まれる」という仮説を立てることで、限られたリソースを効率的に使い、迅速な意思決定が可能になります。

　また、仮説を立てることで、目的が明確になり、データ収集や分析の焦点を絞ることができます。これにより、膨大な情報に圧倒されることなく、本当に必要なデータだけを集められるようになります。

### 仮説思考を実践する手順

　仮説思考を効果的に活用するためには、次のプロセスを実行します。

### ①問題を定義する

解決すべき課題を具体的かつ明確に定義します。たとえば、「売上が低迷している」という問題がある場合、どの地域やどの製品カテゴリに焦点を当てるかを明確にします。

### ②仮説を立てる

限られた情報や経験、直感をもとに「こうではないか」という仮説を立てます。たとえば、「売上低迷の原因は、ターゲット顧客層が変化しているからだ」という仮説を設定します。

### ③仮説を検証する

データ収集や調査を通じて、仮説が正しいかどうかを検証します。顧客インタビューや売上データの分析を活用して、仮説の正確性を確認します。

### ④結果にもとづいて修正する

仮説が正しくない場合は、新たな仮説を立て直し、再検証を行います。これを繰り返すことで、最終的に問題解決に至ります。

## 仮説思考の実例

ある EC サイト運営会社が、売上が急激に減少した理由を探

る必要に迫られました。すべてのデータを集めるには時間がかかるため、まず次のような仮説を立てました。「最近、競合サイトが大規模なプロモーションを実施しているため、顧客が流出しているのではないか」。

　この仮説をもとに、競合の動向や価格設定を調査したところ、実際に競合のキャンペーンが影響していることが確認されました。同時に、自社の価格競争力が低下していたことも判明しました。この結果を受けて、価格の見直しと独自キャンペーンを打ち出す施策を講じた結果、売上を回復させることができました。

## 日常での仮説思考

　仮説思考は日常生活でも役立ちます。たとえば、「最近寝つきが悪い」という問題に対して、「夜にスマホを見すぎているせいではないか」という仮説を立てることができます。この仮説をもとに、寝る前にスマホを使わない習慣を試してみると、実際に睡眠の質が改善するかもしれません。仮説を立てて検証するという思考法を取り入れることで、日常の問題解決もスムーズになります。

# MECE（モレなくダブりなく）の概念

## MECEとは

**M**utually **E**xclusive and **C**ollectively **E**xhaustive
（相互に）（重複せず）（全体として）（モレがない）

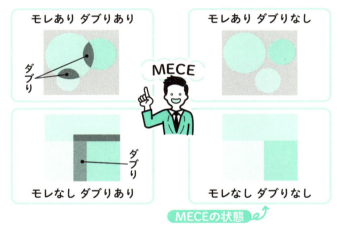

## MECE とは何か？

MECE（Mutually Exclusive, Collectively Exhaustive）は、「モレなくダブりなく」と訳される、論理的思考の基本的なフレームワークです。物事を整理する際に、重複を避け（Mutually Exclusive）つつ、すべての要素を漏らさない（Collectively

Exhaustive) ように分類する考え方を指します。

　この概念は、情報を体系的に整理したり、問題を分解して考えたりする際に役立ちます。とくに、複雑な問題を分析する際、MECE を意識することでヌケ・モレのない検討が可能になります。

### MECE の重要性

　MECE を活用することで、次のようなメリットがあります。
　第一に、論理の構造が明確になる点です。MECE を意識すると、情報や課題を適切に分類できるため、分析の方向性を整理しやすくなります。たとえば、新製品のターゲットを考える際、「年齢」「性別」「職業」といった異なる軸で顧客を分類することで、重複やヌケ・モレを防ぐことができます。
　第二に、効率的なコミュニケーションが可能になる点です。整理された情報は、他者に説明する際にも理解されやすくなります。これにより、会議や議論がスムーズに進むだけでなく、成果物の質も向上します。

### MECE を実践する例

　MECE を活用した実例として、会社のコスト削減策を検討するケースを挙げます。この課題に対し、「コストの種類」で次のように分類できます。

- 人件費
- 広告費
- 原材料費
- 運送費

　これらの項目は互いに重複せず、かつ企業の主要なコスト項目をすべて網羅しているため、MECEの条件を満たしています。このように分類することで、どのコストを優先して削減するべきかを具体的に考えやすくなります。

### MECEが機能しない例

　MECEが機能しない例として、「分類軸が曖昧な場合」が挙げられます。たとえば、顧客層を「若年層」「中間層」「都市部居住者」に分類すると、都市部居住者には若年層や中間層が含まれる可能性があるため、重複が発生します。また、郊外居住者が除外されるため、分類としてモレも生じます。

　こうした場合には、分類軸を「年齢」または「居住地」のいずれかに統一する必要があります。たとえば、「年齢」で分類するなら「10代」「20代」「30代以上」とし、互いに重複しないグループに分けます。このように、明確な分類軸を設定することがMECEの成功につながります。

## MECEを活用する際の注意点

　MECEを実践する際には、いくつかの注意点があります。まず、分類の粒度（細かさ）を適切に設定することが重要です。分類が粗すぎると網羅性が損なわれ、細かすぎると複雑になりすぎて実用性が低下します。たとえば、コスト削減の例で「広告費」をさらに細分化する際に、「テレビ広告」「オンライン広告」「ラジオ広告」まで分けるのは適切ですが、「地域ごと」まで分けると過剰な細分化となる可能性があります。

　また、分類軸を統一することも必要です。複数の軸を混ぜると混乱を招きやすくなります。たとえば、「年齢」と「趣味」の両方を分類軸として使う場合、それぞれの関係性が曖昧になるため、分析が非効率になります。

### 日常生活でのMECE活用

　日常生活でもMECEの考え方は活用できます。たとえば、引っ越しの準備をする際、荷物を「捨てるもの」「持っていくもの」「実家に置いておくもの」に分けると、効率的に整理が進みます。この分類が「モレなくダブりなく」になっているかを確認することで、引っ越し作業のヌケ・モレを防げます。

　MECEを意識することで、物事を整理する力が向上し、さまざまな場面で論理的に判断できるようになるのです。

# 「モレ」あり・「ダブリ」なしの場合の改善方法

## 「モレ」あり・「ダブリ」なしの状態

社内の労働者を雇用形態別に分類すると……

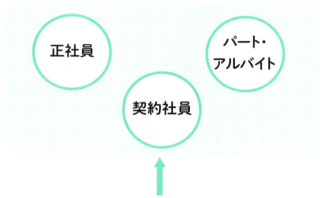

この分類では、社内に派遣社員がいた場合、"モレ"となる

### 「モレ」が発生する原因とは？

　MECE（モレなし・ダブリなし）の概念において、「モレ」とは、情報や要素を整理する際に必要な部分が抜け落ちている状態を指します。たとえ「ダブリ」がなく整理されていても、「モレ」があれば分析や計画の網羅性が失われ、重要な要素を

見逃す可能性があります。

「モレ」が発生する原因は主に次のような点にあります。一つは、分類の視点が限定的すぎる場合です。たとえば、顧客を分類する際に「性別」だけを軸にすると、年齢層や趣味嗜好といった他の重要な要素が考慮されません。もう一つの原因は、必要な情報やデータが不足している場合です。情報が限られていると、見えない部分が「モレ」として扱われがちです。

### 「モレ」を改善する方法

「モレ」を解消するためには、視点を広げ、体系的に情報を補完するアプローチが求められます。まず、最初に行うべきは分類軸を再確認することです。たとえば、顧客セグメントを分類する際、「性別」だけでなく「年齢」「収入」「地域」など、複数の軸を組み合わせることで、見逃していた部分をカバーできます。

また、現状の情報やデータに不足がある場合は、追加のデータ収集を行います。顧客の購買データやアンケート結果など、定性的・定量的データを組み合わせて分析することで、「モレ」を補完できます。

さらに、「モレ」を防ぐために、フレームワークを活用するのも有効です。たとえば、SWOT分析（強み、弱み、機会、脅威）やPEST分析（政治、経済、社会、技術）を用いると、網

羅的に情報を整理しやすくなります。

## 具体例：マーケティング施策における「モレ」の改善

　ある企業が新しいマーケティング戦略を考える際、初めに「20代の女性向け」をターゲットに設定し、施策を設計しました。しかし、売上が思ったように伸びなかったため分析を行ったところ、「ターゲットの収入層」という要素を考慮していなかったことが判明しました。この「モレ」により、20代女性の中でも購買力のある層に適した戦略が設計されていなかったのです。

　この問題を改善するため、企業はターゲットを「収入」と「趣味嗜好」の軸で細分化しました。その結果、購買力のある層に対して具体的なメッセージを打ち出し、広告の効果が向上しました。この事例は、「モレ」の発見と修正が成功に直結することを示しています。

## 「モレ」を防ぐ意識

　「モレ」を防ぐためには、問題を多面的に捉える意識が重要です。一つの視点や分類方法に頼りすぎると、どうしても見落としが発生します。そこで、異なる立場のメンバーと議論したり、外部の意見を取り入れることで、盲点を減らすことが可能です。

また、最初に大まかなフレームワークを設定した後、そのフレームを何度も見直す習慣をつけると、「モレ」を防ぐ効果が高まります。時間やリソースに余裕があれば、仮説をもとにテストを行い、見落としがないか確認するプロセスを取り入れるのも有効です。

### 日常生活での「モレ」の改善

　日常生活にも「モレ」の概念は応用できます。たとえば、旅行の荷物を準備する際、「衣類」と「日用品」だけに意識が向いていると、充電器や必要な書類といった重要なアイテムを忘れることがあります。このような場合、「衣類」「日用品」「電子機器」「書類」などのカテゴリをリスト化することで、「モレ」を防ぐことができます。

　こうした小さな工夫を取り入れることで、「モレ」を意識的に改善し、日々のタスクを効率的にこなせるようになります。

# 「モレ」なし・「ダブり」あり の場合の改善方法

## 「モレ」なし・「ダブり」ありの状態

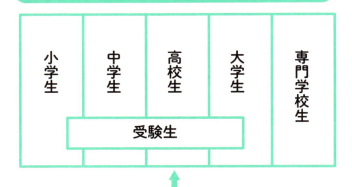

この分類では、「受験生」の部分が"ダブり"となる

### 「ダブり」が発生する原因とは?

　「モレ」なく情報や要素を網羅できていても、「ダブり」が発生していると整理の効率が低下し、分析や計画に混乱を招くことがあります。「ダブり」とは、同じ内容や要素が複数回含まれる状態を指します。これにより、重要なポイントが不明瞭に

なったり、議論が冗長になるリスクがあります。

　「ダブり」が発生する主な原因は、分類軸が曖昧であることです。たとえば、分類の基準を明確に定めずに要素を分けてしまうと、同じ内容が複数のカテゴリに重複して含まれる可能性があります。また、複数人が同時に作業を行う際、情報が重複する場合もあります。

## 「ダブり」を改善する方法

　「ダブり」を解消するためには、まず分類軸を明確に定めることが重要です。分類軸とは、情報を整理する際の基準やルールを指します。たとえば、プロジェクトのタスクを分類する際、「作業内容」を基準にするのか「作業担当者」を基準にするのかを明確にすることで、同じタスクが複数のカテゴリに重複するのを防ぐことができます。

　次に、情報整理の段階で重複を確認し、適宜統合するプロセスを取り入れることも有効です。データベースやリストを作成する際、重複データを検出して統一する仕組みを活用することで、効率的に「ダブり」を排除できます。

　さらに、「ダブり」を防ぐためには、定期的なレビューが欠かせません。一度分類が完了した後でも、全体を見直し、類似した内容がないか確認することで、整理の精度を高めることができます。

## 具体例:プロジェクト管理における「ダブリ」の修正

ある企業が新商品開発プロジェクトを進める際、タスクを分類した結果、以下のような「ダブリ」が見つかりました。

・「製品仕様の決定」というタスクが「設計フェーズ」と「マーケティングフェーズ」の両方に重複して含まれていた。
・「市場調査の実施」が「マーケティング」と「競合分析」に重複して登録されていた。

これにより、同じタスクが複数のチームで進行することになり、効率が低下していました。この問題を解決するため、企業は次の対策を講じました。

①各タスクの責任範囲を明確にし、どのカテゴリに属するべきかを再定義しました。
②重複していたタスクを一元化し、単一のチームが責任を持つよう調整しました。

その結果、作業の重複が減り、プロジェクト全体の進行がスムーズになりました。

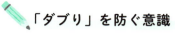
## 「ダブり」を防ぐ意識

　「ダブり」を防ぐためには、情報の一貫性を意識することが重要です。まず、分類基準や手法を統一し、全員が同じルールに従って情報を整理する必要があります。また、同じ内容が他のカテゴリに含まれている可能性を常に意識し、曖昧さを排除する努力が求められます。

　さらに、「ダブり」が発生する背景には、情報の過剰整理があることも覚えておくべきです。必要以上に細かく分類しようとすると、自然と内容が重複しやすくなります。適切な粒度で整理することも「ダブり」を防ぐ鍵です。

### 日常生活での「ダブり」の改善

　日常生活でも「ダブり」を意識することで効率化が図れます。たとえば、家計簿をつける際、「食費」と「外食費」を分けることで重複が発生するケースがあります。同じ食事代がどちらにも記録されると、家計全体の分析が混乱することになります。この場合、「食費」という大カテゴリに統一することで、「ダブり」を解消できます。

　「ダブり」を排除することで、情報整理のスピードと精度が向上し、より効果的な意思決定が可能になります。

# グルーピングアプローチとその実例

## 情報のグルーピングの進め方

### グルーピングアプローチとは？

グルーピングアプローチは、関連性のある要素をまとめ、共通のカテゴリやグループとして整理する手法です。膨大な情報や複雑な問題を扱う際、要素をグループ化することで全体像を明確にし、分析や意思決定を効率化することができます。

たとえば、顧客データを扱う場合、すべての顧客を一つひとつ個別に見るのではなく、「年齢層」「購買頻度」「興味関心」などの共通点でグループ化することで、顧客の傾向を簡単に把握できます。このアプローチは、マーケティング、プロジェクト管理、データ分析など多くの分野で活用されています。

## グルーピングの重要性

　グルーピングを行うことで、複雑な情報の整理が容易になり、次のようなメリットが得られます。

　第一に、分析の効率化が挙げられます。グループごとに共通の特性を見出すことで、全体を一括して考えることができ、細部に時間を割く必要がなくなります。たとえば、商品レビューを「ポジティブ」「ネガティブ」に分けて分析すれば、全体的な評価の傾向が明確になります。

　第二に、意思決定が迅速になる点です。グループごとの特徴をもとに施策を立案することで、課題解決や戦略立案のスピードが上がります。たとえば、顧客を「価格重視派」「品質重視派」に分けることで、各グループに適したマーケティング戦略をすぐに設計できます。

## グルーピングアプローチの実例

　ある小売業者が、顧客満足度向上のために調査を行いました。

調査では、顧客の不満点がさまざまに寄せられましたが、これらを個別に対応するのは非効率であったため、次のようなグループ化を行いました。

- 価格に対する不満：商品の値段が高い、割引が少ない。
- 商品品質に対する不満：商品が壊れやすい、種類が少ない。
- サービスに対する不満：スタッフの対応が遅い、店舗が清潔でない。

このグルーピングによって、不満の内容が3つの主要カテゴリに整理されました。その結果、価格重視の顧客には割引キャンペーンを、品質に不満を持つ顧客には新商品のラインナップを、サービスに不満を持つ顧客にはスタッフの教育強化を行うなど、的確な対応が可能となりました。

### グルーピングを行う際の注意点

グルーピングを成功させるためには、いくつかの注意点があります。まず、分類の基準を明確にすることが重要です。同じデータを異なる基準で分類すると混乱が生じ、分析の一貫性が損なわれます。たとえば、「商品のカテゴリ」と「価格帯」を同時に基準にすると、重複や曖昧な分類が発生する可能性があります。

また、グループの粒度（細かさ）を適切に設定することも大切です。細かすぎる分類は情報過多を招き、粗すぎる分類は分析の精度を低下させます。具体的な目的に応じて、適切な粒度を設定する必要があります。

　さらに、グルーピング後の結果を検証することも欠かせません。分類後に実際のデータと照らし合わせ、想定どおりのグループ分けができているかを確認することで、分類の信頼性を高めることができます。

## 日常でのグルーピング活用

　日常生活でもグルーピングは役立ちます。たとえば、冷蔵庫の中を整理する際、食品を「生鮮食品」「調味料」「飲料」にグループ分けすれば、何が足りていて何を買い足すべきかが一目でわかります。また、タスク管理でも「今日やるべきこと」「今週中にやるべきこと」「来週以降でもよいこと」と分類することで、優先順位をつけやすくなります。

　こうした日常的な場面でも、グルーピングの考え方を取り入れることで、効率的に情報を整理し、判断力を高めることが可能です。

# MECEの後の項目の優先順位づけ

## 企業の体質改善における優先順位づけ

重要性 →

緊急性 ↑

**D案**
重要性は比較的小さいが、すぐ改善できるもの

**A案**
企業の存続に関わり、今すぐに取り組む必要のあるもの

**C案**
重要性が比較的小さく、時間もかかるもの

**B案**
2〜3年かけてゆっくり体質改善するべきもの

> MECEで情報や要素を整理するだけでなく、優先順位をつけることが効果的！

### 優先順位づけの必要性

　MECE（モレなし・ダブりなし）の手法を用いて情報や要素を整理した後、それらに優先順位をつけることが、さらに効果的な意思決定や問題解決につながります。MECEによって整理された情報は網羅性と論理性があるものの、それぞれの項目が

持つ重要度や緊急性は同じではありません。そのため、どの項目にリソースを集中するべきかを明確にするための優先順位づけが欠かせません。

###  優先順位づけの基準

優先順位をつける際には、次のような基準を用いることが一般的です。

#### ①重要度

項目が目標達成や問題解決にどれほど影響を及ぼすかを評価します。たとえば、売上向上を目指す場合、主力商品の改善は重要度が高いと判断できます。

#### ②緊急性

対応を急ぐ必要があるかどうかを判断します。たとえば、期限が迫っているタスクは緊急性が高いと考えられます。

#### ③実現可能性

項目を実行するためのリソースや条件が整っているかを評価します。実現可能性が高い項目は、早期に効果を出すことが期待できます。

### 実例：優先順位づけによるプロジェクト成功

ある企業がコスト削減プロジェクトを進める際、次のような項目がMECEにもとづいて整理されました。

- 人件費削減
- エネルギーコストの見直し
- サプライヤー契約の変更
- 在庫管理の効率化

各項目を「削減効果の大きさ（重要度）」「実施にかかる時間（緊急性）」「実現可能性」の観点で評価した結果、まず「エネルギーコストの見直し」が最優先とされました。短期間で成果が出せるこの項目を早期に実行したことで、コスト削減効果が速やかに現れ、他の項目にリソースを割く余裕が生まれました。

### 優先順位づけの注意点

MECEで整理された項目の優先順位をつける際には、いくつかの注意点があります。

まず、明確な評価基準を設定することが重要です。項目の重要性を判断する基準が曖昧だと、優先順位が主観的になり、意思決定がぶれやすくなります。たとえば、「顧客への影響」「収益性」「実現可能性」など、具体的な評価軸を明確に定めます。

次に、目的との一貫性を確保することが必要です。各項目を評価する際には、最終的な目標との関連性を確認します。目標達成に直結しない項目を高く評価すると、リソースが分散して効果が薄れる可能性があります。

　さらに、データや根拠にもとづいた評価を行うことが大切です。感覚や直感で判断せず、可能な限り定量的なデータを用いて評価することで、客観性と信頼性が向上します。

　また、チーム全体で共有・合意を取ることも忘れてはいけません。優先順位がメンバー間で共有されていないと、実行段階で意見の食い違いや非効率が発生する恐れがあります。

　最後に、柔軟性を持つことも重要です。状況が変化した場合には、優先順位を見直すことが必要です。

### 日常での優先順位づけ

　日常生活でも優先順位づけのスキルは役立ちます。たとえば、休日の予定を決める際、やりたいことを「緊急性」と「重要度」で整理すると効率的です。「家賃の支払い」など緊急性が高く重要なタスクを優先し、「映画鑑賞」など重要だが緊急でないタスクは後回しにする、といった判断です。

　優先順位を明確にすることで、やるべきことが整理され、効率的な行動が可能になるのです。

> やってみよう!

# 日常生活を題材にしたMECEの考え方

以下のワークでは、MECE（Mutually Exclusive and Collectively Exhaustive: 相互に排他かつ網羅的）の考え方を、日常的な「買い物計画」を題材に学びます。

## ステップ >1< MECEの基本を理解する

【例題】

まず今週末の買い物リストを考えてみましょう。

- 野菜（キャベツ、にんじん）
- 飲み物（牛乳、お茶）
- 日用品（洗剤、ティッシュ）

ここで注意すべき点は、野菜や日用品が同じカテゴリーに混ざっていると「相互に排他」ではなくなり、欲しいものがモレていると「網羅的」ではなくなります。

【ワーク】

自分で「今週買うもの」をリストアップし、要素の重複やモレがないか確認してみましょう。

### ステップ2　MECEを意識して分類する

次に、買い物リストをMECEの視点で整理します。

【例題】

まず買い物リストを次のように分類します。

・食品（例：野菜、果物、肉、飲み物）
・日用品（例：洗剤、ティッシュ、トイレットペーパー）
・その他（例：趣味用品、本）

次に、カテゴリー内で重複がないか確認します（例：牛乳が食品と飲み物に重複しない）。また、必要なものがすべてリストに含まれているか確認します（例：消耗品の買い忘れがない）。

【ワーク】

自分の作成したリストを3〜5個のカテゴリーに分け、

MECEになっているかチェックしてみましょう。

## ステップ3　MECEを応用して効率化を考える

MECEを活用して買い物を効率化する方法を考えます。

【例題】

買い物の効率化を考える際に、以下の視点で整理します。

①店舗別に分ける（スーパー、ドラッグストア、オンラインストアなど）。

②時間帯別に分ける（朝、昼、夜）。

③優先順位をつける（今週必要なもの、後でいいもの）。

・スーパーで購入：食品と日用品
・ドラッグストアで購入：洗剤とティッシュ
・オンラインで購入：趣味用品

【ワーク】

リストをもとに、効率的な買い物ルートや購入方法を考え、実現可能な計画を作成してください。

# 第3章

# 論理的思考の応用例
# フレームワーク

# フレームワークで
# 悩みをスッキリ解決！

「どう考えたらいいのかわからない！」そんなふうに迷ったことはありませんか？　新しい仕事やプロジェクトが始まるとき、どこから手をつければいいのかわからず、頭の中がぐちゃぐちゃに……。そんなときに役立つのが、この章で紹介する「フレームワーク」です。

　フレームワークとは、物事を整理してわかりやすくするための型や枠組みのことです。難しそうに聞こえますが、実は使いこなせるようになるととても便利なものです。
　たとえば、料理で「主菜・副菜・汁物」を考えるのもフレームワークの一種です。ビジネスでは、「3C」や「SWOT分析」などがその代表格です。これらを使えば、仕事の中で「何をす

べきか」が自然と見えてくるようになりますし、周りへの説明も簡単になります。「どうせ自分にはまだ無理」と思う必要はありません。むしろ早いうちからフレームワークを知ることで、「この新人、頼れるな」と思われるチャンスが広がります。

　この章では、仕事や日常でよく使うフレームワークを具体例とともにわかりやすく解説します。「使いこなせたら便利そう」と思うだけでなく、「これは使ってみたい！」と感じてもらえるはずです。さあ、あなたもフレームワークを味方につけて、複雑な問題をスッキリ整理し、次のステップに進んでみませんか？

3 論理的思考の応用例 フレームワーク

# フレームワーク思考とは

**フレームワーク思考**

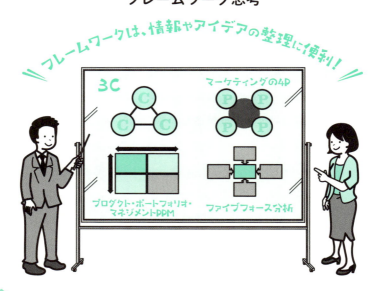

### ✏️ フレームワーク思考の基本

　フレームワーク思考は、問題や状況を整理して解決するための「型」や「枠組み」を活用する方法です。この型を使うことで、情報を見落とすリスクを減らし、全体をバランスよく分析する助けになります。たとえば、経営戦略でよく使われる

「3C」や「マーケティングの4P」「PPM」「ファイブフォース分析」などは、フレームワークの代表例です。

### フレームワークを使うメリット

フレームワークは、複雑な課題をわかりやすく整理し、議論や意思決定を効率化します。とくに、入社1年目の社員が仕事を進める際には、何を優先すべきかを明確にする道具として役立ちます。具体的なモデルがあると、報告や提案時に相手に伝わりやすくなるため、チーム内でのコミュニケーションも円滑になります。

フレームワークを使いこなすには、まず型を覚えることが重要です。慣れるまでは、実際の課題に当てはめながら練習するのがおすすめです。たとえば、職場の業務内容を3Cに当てはめて整理し、「どの要素が現状の課題か」を考えてみましょう。

### フレームワークを正しく使うための心構え

フレームワークは「万能ツール」ではありません。状況に応じて適切な枠組みを選ぶ必要があります。初めのうちは「3C」「SWOT」のような基本的なものを学び、徐々に応用編に挑戦するのがおすすめです。焦らず、一歩ずつ慣れていきましょう。

# 3C

## 3C

**Customer 顧客**
顧客層の購買決定要因及び意思決定プロセス
市場規模、成長性、ニーズ、購買行動など

競合企業の分析
参入障壁、シェア、寡占度、強み・弱みなど

自社の内部環境の分析
売上げ、収益性、技術力、販売力

**Competitor 競合**

**Company 自社**

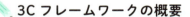

### 3C フレームワークの概要

　3Cとは、ビジネス環境を分析するために「顧客（Customer）」「競合（Competitor）」「自社（Company）」という3つの観点で整理する手法です。この枠組みを使うことで、自社の現状と市場の状況を客観的に把握できます。たとえば、新商品を企画する際、

顧客のニーズを調査し、競合他社の動向を把握し、自社の強みを最大限に活かせる戦略を考えます。

### 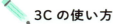 3Cの使い方

顧客の分析では、ターゲットとなる年齢層や趣味嗜好などを具体的に明らかにします。競合の分析では、同じ市場にいる他社の製品やサービスの特徴を調べ、自社との差別化を考えます。自社の分析では、自分たちの強みや課題を洗い出し、成長につながる施策を検討します。これら3つを総合的に見て戦略を練ることが重要です。

3Cを使う際、すべてを深掘りする必要はありません。重要なポイントを見極め、課題解決に直結する部分に焦点を当てると効率的です。

## 3Cの実践例

たとえば、カフェを経営している場合、顧客は「朝の出勤前に来店する20代会社員」、競合は「近隣のコーヒーチェーン」、自社は「オリジナルブレンドの品質」がポイントになります。顧客の時間に合わせて朝割を導入するなど、3Cを使って具体的な施策を考えられるようになります。

# 価値連鎖（バリューチェーン）

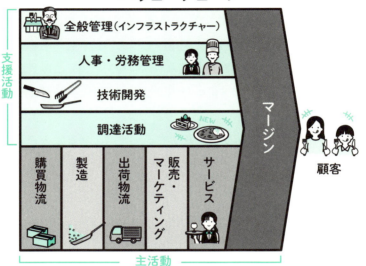

## 価値連鎖の基本

　バリューチェーン（価値連鎖）は、企業が顧客に提供する製品やサービスを生み出すまでの全活動を分析し、どこで価値が生み出されるかを明確にするフレームワークです。主活動（製造、販売、サービスなど）と支援活動（人事、技術開発など）

の2つに分けて考えます。この分析を通じて、競争優位を得るためのポイントを発見できます。

###  価値連鎖を実務で使うには

たとえば、製造業であれば、原材料の調達から製品の出荷までを見直し、どのプロセスがコストを増やしているのか、逆に利益を生む要因はどこにあるのかを明確にします。その結果、コスト削減や業務効率化のアイデアが浮かびやすくなります。

価値連鎖は「改善」の視点で役立つツールです。1つのプロセスだけを見るのではなく、全体のつながりの中で改善ポイントを探すことが重要です。

#### 身近な価値連鎖を考える

たとえば、レストランでは「食材の仕入れ」「調理」「サービス提供」といった活動が価値連鎖に当たります。仕入れコストを下げたり、接客の質を上げる工夫をしたりすることで、全体の価値が高まり、顧客満足度が向上します。

# マーケティングの4P

マーケティングの4P

- **Products** 製品・サービス
  機能スタイル、サイズなど
- **Promotion** プロモーション
  広告、人的販売、代理店販売
- **Price** 価格
  標準価格、値引きなど
- **Place** 流通
  チャネル、販売エリア、物流

中央：マーケティングミックス

## 4Pの概要

　マーケティングの4Pとは、製品やサービスを効果的に市場に届けるための4つの要素「製品・サービス（Products）」「価格（Price）」「流通（Place）」「プロモーション（Promotion）」を指します。このフレームワークは、新商品の戦略を考えるときや既存

商品を見直す際に役立ちます。各要素をバランスよく検討することで、売上の最大化や競争力の向上が期待できます。

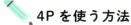 **4P を使う方法**

　製品では顧客が欲しい機能やデザインを考え、価格では競合や顧客の購買力を参考に設定します。流通ではどのチャネルで商品を届けるか、プロモーションでは広告や SNS を活用した効果的な伝え方を検討します。これらを総合的に整えることが成功のカギとなります。

　4P は個別の要素を考えるだけでは不十分で、それぞれが一貫していることが重要です。たとえば、高級志向の製品を低価格で販売するとブランド価値が損なわれる可能性があります。全体の調和を意識しましょう。

## 4P で考えるランチ販売戦略

　駅前でランチを販売するとしたら、4P をこのように活用できます。「製品：健康志向の弁当」「価格：500 円」「流通：駅構内の店舗」「プロモーション：チラシ配布や SNS」。これをもとに戦略を練ると現実的な案が浮かびやすくなります。

# プロダクトポートフォリオマネジメント(PPM)

## プロダクト・ポートフォリオ・マネジメント(PPM)

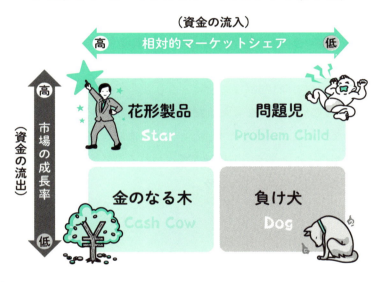

### PPMの基本概念

　PPMは、企業が保有する製品や事業を「市場の成長率」と「市場でのシェア」の2軸で整理し、「花形製品」「問題児」「金のなる木」「負け犬」の4つの象限に分類するフレームワークです。この分析を行うことで、どの事業に投資を集中すべきか、

どの事業を縮小すべきかを判断できます。

### PPMの実務での使い方

たとえば、売上が好調な事業が「金のなる木」と判断されれば、利益を他の事業に投資するという戦略が可能です。一方、「問題児」は市場成長が期待できる分野なので、追加投資による成長が見込まれます。「負け犬」に該当する場合は撤退を検討することが多いです。

PPMは製品や事業を俯瞰的に見るためのツールです。ただし、短期的な業績だけで判断すると、将来の成長機会を失う可能性があるため、長期的な視点も意識する必要があります。

### 自分の時間をPPMで考える

日常生活でもPPMを応用できます。たとえば、「金のなる木」は日々のルーティン作業、「花形製品」は新しいスキルの習得、「問題児」は難しいけれど挑戦したいプロジェクト、「負け犬」は不要な雑務。このように整理すると時間管理がしやすくなります。

# ファイブフォース分析

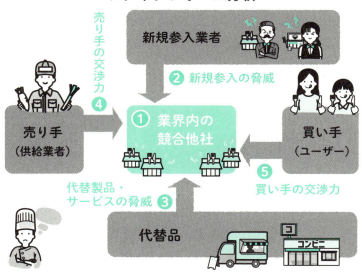

## ファイブフォース分析の概要

　ファイブフォース分析は、企業の競争環境を理解するために5つの要因を評価するフレームワークです。これらの要因は「競争業者間の敵対関係」「新規参入の脅威」「代替品・サービスの脅威」「売り手の交渉力」「買い手の交渉力」です。この分

析を通じて、業界内での競争の激しさや、自社の戦略的な位置づけを把握することができます。

### ファイブフォースの具体例

たとえば、食品業界で考えると、競争業者間では大手チェーンが市場を支配しているかを評価します。新規参入の脅威では、健康志向の商品を扱う新ブランドの影響を検討します。買い手の交渉力は、スーパーなどの小売業者がどれだけ価格を押し下げられるかを見ます。こうした視点から戦略を策定します。

ファイブフォース分析を効果的に使うには、業界特有の特徴や動向を詳しく調査することが重要です。また、単なる分析にとどまらず、結果をもとに実行可能な戦略を考えることが大切です。

## ファイブフォース分析とレストラン経営

レストラン経営にファイブフォース分析を適用すると、「競争業者間」では近隣の他店、「代替品の脅威」ではキッチンカーやコンビニ、「買い手の交渉力」では顧客が価格に敏感かどうか、を評価します。これを使うと、自店の強化ポイントが見えてきます。

# ポーターの3つの基本戦略

## ポーターの3つの競争戦略

| | 競争優位のタイプ | |
|---|---|---|
| | 他社よりも安いコスト | 顧客が認める特異性 |
| **戦略ターゲットの幅** 広いターゲット(業界全体) | **コスト・リーダーシップ戦略**<br>業界全体の広い市場をターゲットに、他社のどこよりも低いコストで評判を取り、競争に勝つ戦略 | **差別化戦略**<br>製品品質、品揃え、流通チャネル、メンテナンスサービスなどの違いを業界内の多くの顧客に認めてもらい、競争相手よりも優位に立つ戦略 |
| 狭いターゲット(特定の分野) | **集中戦略**<br>特定市場に的を絞り、「ヒト」「モノ」「カネ」などの経営資源を集中的に投入して競争に勝つ戦略 | |
| | **コスト集中**<br>特定市場でコスト優位に立って競争に勝つ戦略 | **差別化集中**<br>特定市場で差別化することで優位に立って競争に勝つ戦略 |

 **基本戦略の概要**

　ポーターの3つの基本戦略とは、企業が競争優位を獲得するために採用できる戦略の分類です。具体的には「コスト・リーダーシップ戦略」「差別化戦略」「集中戦略」の3つがあります。コスト・リーダーシップは低価格で市場をリードする戦略、差

別化は独自性を打ち出して競争を回避する戦略、集中は特定の市場や顧客に特化する戦略です。

 **戦略選択の重要性**

　たとえば、日用品メーカーがコスト・リーダーシップ戦略を採用すると、効率的な生産体制や大規模な流通網の整備が求められます。一方で、高級時計ブランドは差別化戦略を重視し、デザインや品質で顧客を引きつけます。自社の強みや市場状況に合った戦略を選ぶことが成功のカギです。

　選んだ戦略に一貫性を持たせることが重要です。中途半端に複数の戦略を追求すると、結果的に競争優位を失う可能性があるため、明確な方向性を定めましょう。

### 集中戦略と地域密着型ビジネス

　地元商店街で成功する小さなパン屋は、集中戦略の好例です。地域のニーズを徹底的に理解し、たとえば「地元産小麦を使ったパン」に特化することで、大手チェーンには真似できない価値を提供できます。このように規模が小さいほど集中戦略が効果的です。

# SWOT分析

## SWOT分析の概要

　SWOT分析は、企業やプロジェクトの現状を評価するためのフレームワークで、内部環境の「強み（Strength）」と「弱み（Weakness）」、外部環境の「機会（Opportunity）」と「脅威（Threat）」の4つに分類して整理します。この分析を通じ

て、課題や戦略を明確にし、優先順位を決定することができます。

 ## SWOT分析の使い方

強みは競争優位の源泉となる要素で、たとえば技術力やブランド力などを挙げます。弱みは課題や改善が必要な領域です。機会は新市場の開拓やトレンドを活かすポイントで、脅威は競合他社や経済環境の変化などを含みます。この4つを整理することで、戦略を立てる際の土台をつくることができます。

たとえば、新商品の企画では、SWOT分析を使って製品の差別化ポイントを明確にしたり、潜在的なリスクを事前に把握したりできます。実際の業務では、全社員で意見を出し合うワークショップ形式で行うことも効果的です。

### SWOT分析を日常に活用する

日常生活でもSWOT分析は使えます。たとえば、転職を考える場合、自分のスキルを「強み」として整理し、足りない資格を「弱み」として特定します。そして、業界の需要を「機会」とし、競争の激しさを「脅威」として評価することで、より現実的なプランが立てられます。

# ハード・ソフト（7つのS）

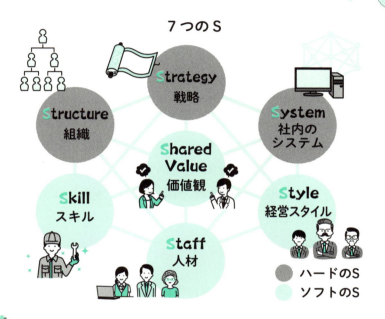

7つのS

## 7つのSの基本

「7つのS」は、企業の組織運営や戦略を分析・改善するためのフレームワークで、「戦略（Strategy）」「組織（Structure）」「社内のシステム（Systems）」「価値観（Shared Value）」「スキル（Skill）」「人材（Staff）」「経営スタイル（Style）」の7つの

要素で構成されています。これらをバランスよく整えることで、組織のパフォーマンスを向上させます。

### 7つのSを使った分析方法

たとえば、新しいプロジェクトを始める際、戦略が明確か、組織構造が適切か、必要なスキルを持つ人材が配置されているかなどを評価します。このフレームワークは、特に組織の課題を特定し、改善を進めるために有用です。

7つの要素の中でも、「価値観（Shared Value）」は他の要素に大きな影響を与えます。組織内で共通する価値観が定まっていないと、方向性が不一致となることが多いため、特に注意が必要です。

### 7つのSで部活動を考える

たとえば、スポーツ部では「戦略（試合の戦術）」「組織（チーム編成）」「スキル（選手の能力）」が重視されます。同時に、「スタイル（練習方針）」や「共有価値（チームの目標）」が一貫していないと、全体の成果が上がりません。このように日常でも応用可能なフレームワークです。

# バランススコアカード（BSC）

## バランススコアカード（BSC）

**財務的視点**

財務的に成功するために、株主に対してどのように行動すべきか

| 施策 | ターゲット | 指標 | 目標 |
|---|---|---|---|
| | | | |

**社内ビジネス・プロセスの視点**

株主と顧客を満足させるために、どのようなビジネス・プロセスに秀でるべきか

| 施策 | ターゲット | 指標 | 目標 |
|---|---|---|---|
| | | | |

中期戦略

**顧客の視点**

戦略を達成するために、顧客に対してどのように行動すべきか

| 施策 | ターゲット | 指標 | 目標 |
|---|---|---|---|
| | | | |

**学習と成長の視点**

戦略を達成するために、どのようにして変化と改善のできる能力を維持するか

| 施策 | ターゲット | 指標 | 目標 |
|---|---|---|---|
| | | | |

## BSCの概要

　バランススコアカード（BSC）は、企業の戦略を具体的な行動に落とし込むためのフレームワークです。財務、顧客、業務プロセス、学習と成長の４つの視点で組織のパフォーマンスを評価・管理します。この４つの視点をバランスよく見ることで、

短期的な利益追求だけでなく、長期的な成長も実現できます。

### BSC の活用方法

たとえば、財務視点では売上や利益率を、顧客視点では顧客満足度を、業務プロセス視点では効率的な生産体制を、学習と成長視点では社員のスキルアップやモチベーションを測定します。これらの指標を関連づけて考えることで、組織全体の方向性を明確にします。

企業の目標を達成するための計画を立てる際、BSC を使うと具体的な行動指針を示すことができます。これにより、各部署が自分たちの役割を理解しやすくなり、組織全体の連携が強化されます。

---

#### BSC を個人の目標管理に応用

BSC は個人の成長プランにも応用できます。たとえば、財務視点を「収入の安定」、顧客視点を「周囲の評価」、業務プロセスを「効率的な仕事の進め方」、学習と成長視点を「スキルアップ」と設定します。このようにバランスよく目標を立てると自己管理がしやすくなります。

# 質・量

### 質と量

両者は必ずしも二者択一ではない

 **質と量の違い**

「質」とは、物事の内容や成果の優れた状態を指し、「量」は、単純な数や規模を指します。仕事や学びにおいて、質と量はしばしば対立するように見えますが、どちらも重要な要素です。特に、初心者の段階では「量をこなす」ことが質の向上につな

がることも多いです。

### 質と量のバランスの取り方

　たとえば、営業職で新規顧客のアプローチを行う場合、まずは量を重視して多くの人に提案を行います。その中で反応のよかった手法を深掘りすることで、質を高めていきます。このように、量で経験を積み、質で成果を追求する流れが理想的です。

　質を高めるためには、量を確保することが必要な場合もあります。一方、重要なプロジェクトでは、最初から質を重視するアプローチが求められることもあります。状況に応じて、質と量の優先順位を適切に判断することが大切です。

---

### スポーツにおける質と量

　マラソン選手のトレーニングでは、初心者は「走る量」を増やして基礎体力をつけます。一方、経験を積んだ選手は、「質」を重視し、タイムやフォームに細かく注意します。仕事や学びも、最初は量を増やし、徐々に質を高める流れが効果的です。

# 事実・価値

## 事実前提と価値前提

**事実前提**

技術、情報、知識など、意思決定にあたり前提となる過去の事実

**価値前提**

個人の主観や判断、価値など、意思決定にあたり前提となる未来の価値

 ### 事実と価値の違い

「事実」は、誰が見ても変わらない客観的な情報やデータを指し、「価値」は、それに対する主観的な評価や感情を指します。たとえば、「この商品の売上は前年比20％増」というのが事実で、「魅力的な商品だから売上が伸びた」というのが価値

の評価です。

### 事実と価値を分ける重要性

　実務では、事実にもとづいた分析を行い、その後に価値判断を加えるプロセスが重要です。たとえば、マーケティング戦略を考える際、まずデータを収集し（事実）、その後でターゲット層にどのような価値を提供するかを考えます。

### 判断を誤らないためのポイント

　事実と価値を混同すると、誤った意思決定を招く恐れがあります。たとえば、「売上が下がった」という事実に対して、「顧客が商品に飽きた」と安易に結論を出すと、誤解が生じる可能性があります。しっかり事実を確認する習慣をつけましょう。

---

### 日常における事実と価値の分離

　「今日は雨が降っている」というのが事実です。一方、「雨だから気分が落ち込む」というのは価値の判断です。事実を受け止めつつ、価値判断をポジティブに変えることで、物事を前向きに進められるようになります。

# 長所・短所
# （メリット・デメリット）

## 長所・短所

| 長所 | | 短所 |
|---|---|---|
| 視聴者の選択性・融通性、個人的・双方向性 | インターネット | わずらわしさ、めいわくがられるとイメージダウンにつながる |
| 映像、音声、動きにより視聴者の感覚に訴えることができる | テレビ | 高コスト、視聴者が選別できない |
| 地域別、属性別の選別性の高さ、社会的信用、高品質の印刷 | 紙の雑誌 | 広告が出るまでのリードタイムの長さ、高コスト |

 **長所と短所の概要**

　長所（メリット）とは、対象の強みや利点を指し、短所（デメリット）は、その弱みや欠点を指します。何かを選ぶ際に、この２つの視点から判断することで、バランスのとれた選択ができます。とくにビジネスでは、新しい提案やアイデアの評価

にこの視点が不可欠です。

### 長所と短所の見極め方

たとえば、テレワークを導入する場合、「長所」は通勤時間の削減や柔軟な働き方が可能になる点で、「短所」はコミュニケーション不足や管理の難しさです。長所と短所を比較し、それが自社の目標や現状にどう影響するかを考えることが重要です。

### 実務での活用

プレゼンや報告書では、提案のメリットだけでなくデメリットも正直に伝えることで、信頼性が高まります。また、デメリットに対する改善案を提示することで、より説得力のある提案が可能になります。

#### 長所と短所は表裏一体

自分自身の性格も長所と短所の両面があります。たとえば、「几帳面である」というのは、慎重さ（長所）と臆病さ（短所）を併せ持ちます。このように、短所は見方を変えれば長所になることがあります。自己理解を深めるヒントになります。

# 時間軸①
# （短期・中期・長期）

## 時間軸①　（短期、中期、長期）

**短期**
直近1年間での企業の方向性を提示。そして、それを実現するために何をしなければならないか、今日から具体的に何をやっていけばいいのかを明らかにする。

**中期**
企業が10年後にその姿に変身を遂げるためには、3年後、5年後までにどの段階まで成長していなければならないかを提示

**長期**
企業の将来の展望として、企業を取り巻く市場動向や競合状況、政治・経済環境などの動向予測を踏まえ、10年後のあるべき姿を提示

### 時間軸での計画の立て方

　計画や戦略を立てる際には、短期（数週間〜数カ月）、中期（1〜3年）、長期（3年以上）という時間軸で考えることが重要です。それぞれの期間に適した目標を設定することで、現実的かつ持続可能な行動計画がつくれます。

### 時間軸の活用例

たとえば、営業チームの目標を設定する場合、短期では「今月の売上達成」、中期では「新規顧客獲得率の向上」、長期では「市場シェアの拡大」を設定します。これにより、日々の業務が最終目標にどのように貢献しているかを明確にできます。

### 実務でのポイント

短期的な成果を追求しすぎると中長期の目標が犠牲になりやすいです。一方、長期的な視点ばかりを重視すると、目先の成果が得られにくくなります。バランスをとりながら進めることが大切です。

---

#### 個人目標における時間軸の活用

資格取得を例にすると、短期では「1週間で基礎を学ぶ」、中期では「3カ月で模擬試験に合格する」、長期では「1年以内に試験に合格する」という目標を設定します。このように時間軸を意識すると、大きな目標も段階的に達成しやすくなります。

# 時間軸②
# （過去・現在・未来）

## 時間軸②　（過去、現在、未来）

**今年の評価をするために、過去との比較から、
そして将来の視点を含めて予測。**

伸び率の減少

「何が変わっているか」「改善できるのかどうか」「できるのであれば、いつ改善でき、そのために何をすべきか」「改善できないのであれば、いつ赤字に転落するか、その前に事業を縮小、あるいは撤退すべきかどうか」「縮小するのであれば、いつのタイミングで、どの程度縮小すべきか、またいつ縮小すべきか」

### ✏️ 過去・現在・未来の視点

　物事を考えるとき、過去の経験やデータを振り返り（過去）、現在の状況を評価し（現在）、将来の可能性や目標を見据える（未来）ことが重要です。この３つの視点を活用することで、より広い視野を持つことができます。

### 時間軸の具体例

たとえば、新商品の企画では、過去の売上データを分析し、現在の市場トレンドを調査し、未来の需要予測を立てます。このように、3つの時間軸を活用することで、より的確な戦略を立てられます。

### 実務でのポイント

現在の行動は、過去の経験と未来の目標の間に位置しています。過去の失敗や成功から学びつつ、未来の目標に向けた具体的な行動を起こすことが大切です。

---

#### 面接での時間軸の使い方

就職活動の面接では、過去の経験(これまでの学びや実績)、現在の状況(自己分析やスキル)、未来の目標(志望動機や将来像)をうまく組み合わせて話すと説得力が増します。この時間軸の活用は、自己表現にも応用できます。

# 第4章

# ロジックツリーの活用

# 問題解決の地図を描こう、ロジックツリーで見える新たな視点

　みなさんは、何か問題に直面したときに、どう解決していくか迷った経験はありませんか？　たとえば、「なぜこの仕事がうまくいかないんだろう」とか、「どうすればもっと効率的に進められるんだろう」といった疑問です。多くの人が、直感や勢いに頼って対応しようとしますが、思ったような結果が得られなかったり、逆に混乱を招いたりすることもあるでしょう。

　そんなときにこそ役立つのが「ロジックツリー」です。ロジックツリーは、問題を論理的に分解し、根本的な原因を探り出したり、解決策を整理したりするための思考ツールです。なんとなく難しそうに思えるかもしれませんが、実は誰にでも使えるシンプルな仕組みが魅力です。しかも、一度使い方を覚えると、どんな場面でも頼れる「頭の中の地図」のような存在にな

ります。

　この章では、ロジックツリーの基本的な使い方から、実際の事例にもとづいた活用法までを紹介していきます。「なんとなく問題の全体像が見えない」「どこから手をつけたらいいかわからない」という状態を脱するためのヒントが、きっと見つかるはずです。特に社会人1年生のみなさんにとっては、職場の課題を解決する力を磨くための強力な味方となるでしょう。

　難しいテクニックは必要ありません。「木が枝分かれしていくイメージ」を持ちながら、少しずつ問題を分解していく作業を楽しむだけです。この章を読み終える頃には、「なるほど！こうすれば迷わずに解決策にたどり着けるんだ」と自信を持てるようになっているはずです。

　それでは、一緒に「ロジックツリー」という道具を手に取り、問題解決の旅を始めてみましょう！

# 原因追究のロジックツリー

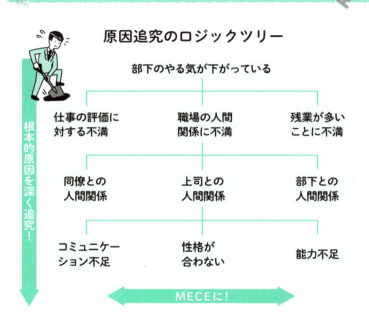

## ロジックツリーの基本と目的

ロジックツリーは、課題を論理的に分解して原因を特定するための思考ツールです。問題を大きな幹として捉え、そこから枝分かれする形で要因を細分化していきます。この手法の最大の利点は、問題の全体像を可視化しつつ、具体的なアクション

に結びつけやすくする点にあります。とくに、複雑な課題では、原因が複数絡み合っていることが多いため、ロジックツリーを使うことで効率的に真の原因を探ることができます。

　たとえば、「部下のやる気が下がっている」という課題を抱えている場合、ロジックツリーを用いることで、それが「仕事の評価に対する不満なのか」「職場の人間関係に対する不満なのか」「残業が多いことに対する不満なのか」と原因を細分化していきます。原因が「職場の人間関係」にあると分析したら、それが同僚との関係なのか、上司との関係なのか、部下との関係なのかと、さらに根本的原因を深く追究していきます。そして、「上司との人間関係」であるとわかったら、それがコミュニケーション不足によるものか、性格が合わないことによるものか、自身の能力不足によるものかと、さらに深掘りしていきます。

## MECEの重要性

　ロジックツリーを作成する際には、第2章で説明した「MECE（モレなし・ダブりなし）」を意識することが重要です。たとえば、「市場の縮小」と「競合の増加」を分けることで、分析が重複せず網羅的に進められます。一方で、要因が曖昧だったり重複していたりすると、効果的な解決策を見つける妨げになります。そのため、分解する際には「すべての要因を網羅

する」「要因間に重複がない」ことを確認しましょう。

## 日常生活での活用

ロジックツリーはビジネスシーンだけでなく、日常生活の問題解決にも応用できます。たとえば、「なぜ早起きができないのか」という課題に対し、ロジックツリーを使うと「身体的な要因」と「環境的な要因」に分解できます。「身体的な要因」では「睡眠不足」や「疲労の蓄積」が挙げられ、「環境的な要因」では「目覚まし時計の設定」「寝室の明るさ」が原因として考えられるでしょう。これらを具体化することで、「毎日同じ時間に寝る」「寝室を暗くするカーテンを導入する」といった行動につながります。

また、ロジックツリーは、他者と課題を共有する際にも有効です。職場や家庭で問題を話し合う際に、ロジックツリーを使って視覚的に整理すれば、共通の理解が生まれやすくなります。このように、課題解決のための思考プロセスを他者と共有できる点も、ロジックツリーの大きな魅力です。

## 初心者でも使えるコツ

初心者がロジックツリーを活用する際には、最初から完璧を目指す必要はありません。重要なのは、問題を「分解する視点」を持つことです。たとえば、「タスクの進捗が遅れてい

る」という課題を分解する場合、「時間管理の問題」「リソース不足」「優先順位の不明確さ」などに分けることで、具体的な改善策が見つかります。この小さな成功体験を積み重ねることで、ロジックツリーをより高度な課題に応用できるようになります。

### ロジックツリーの限界

ただし、ロジックツリーは万能ではありません。分解が浅い場合や、データ不足で要因が曖昧な場合には、効果的な分析ができません。そのため、ロジックツリーを使う際には、必要なデータをしっかり集めるとともに、関係者の意見を取り入れる姿勢も大切です。

---

### ロジックツリーは思考を「見える化」する道具

ロジックツリーは、頭の中にある漠然とした課題やアイデアを整理し、見える形にするツールです。たとえば、旅行の計画を立てる際、「移動手段」「宿泊」「観光地」のように分解することで、計画がスムーズに進むことがあります。日常的な小さな問題からロジックツリーを使い始めることで、その効果を実感できるでしょう。

# 原因追究のロジックツリーの事例

## 原因追究のロジックツリー

**例** 利益低下に苦しむ製造業A社の問題追究

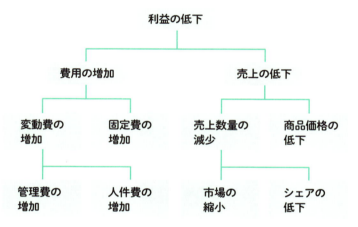

### 事例：メーカーの利益低下の分析

　製造業A社は会社全体で利益が低下傾向にあるという悩みを抱えています。経営陣は問題の真因を特定するためにロジックツリーを使用することを決定しました。この事例を通じて、ロジックツリーがどのように活用されるかを詳しく解説します。

ロジックツリーは、問題を分解して根本原因を探り、それにもとづいた具体的な解決策を導き出す方法です。ここでは利益低下の分析プロセスを順を追って説明し、それにもとづく対策を提案します。

　利益は「売上」から「費用」を差し引いたものです。したがって、利益の低下は「売上の低下」または「費用の増加」のいずれか、もしくはその両方が原因であると考えられます。売上の低下についてさらに深掘りすると、「売上数量の減少」か、「商品価格の低下」のいずれかに分解できます。一方、費用の増加については、「変動費が増加しているか」「固定費が増加しているか」、いずれかの場合が考えられます。このように、利益の低下の原因を大きく2つに分け、さらにそれぞれを詳細に分析することで問題の全体像を把握します。

　まず、「費用の増加」について検討します。変動費が増加している場合、「管理費の増加」や「人件費の増加」が主な要因として挙げられます。

　次に、「売上の低下」について検討します。売上数量が減少している場合、市場全体が縮小していることが一因である可能性があります。たとえば、顧客の嗜好や消費トレンドの変化が市場の縮小を招いている場合です。また、競争企業とのシェア争いにおいて劣勢に立たされ、顧客が他社に流れている場合も考えられます。さらに、商品の魅力そのものが低下してい

とが原因であることもあり得ます。

　以上のような原因分析にもとづいて、具体的な解決策を講じることができます。

　まず、「費用の増加」に対しては、効率化を図る施策が重要です。たとえば、サプライチェーンを見直し、仕入れ価格の削減や物流コストの最適化を図ります。また、業務プロセスの改善を行い、管理部門の効率を向上させることも効果的です。

　次に、「売上の低下」に対しては、まず市場の需要を見極め、新たな顧客層を開拓する戦略が必要です。たとえば、若者やシニア層など新たなターゲットを設定し、彼らのニーズに応える商品やサービスを投入します。同時に、競争他社との差別化を図るため、製品やサービスの品質向上、あるいはブランドの強化に取り組みます。

　以上の解決策を実行する際には、短期的な施策と中長期的な施策を組み合わせることが重要です。短期的には、コスト削減策や価格戦略の見直しを進め、即効性のある成果を目指します。一方で、中長期的には新たな市場の開拓や商品ラインアップの強化を計画的に進め、持続的な収益拡大を目指します。

## 事例が示すロジックツリーの有効性

　この事例から、ロジックツリーが問題の構造を可視化し、効率的な意思決定を促す強力なツールであることがわかります。

原因を分解して各要因を徹底的に分析することで、無駄のない施策を立案できるのです。また、関係者全員が問題の全体像を共有できた点も、ロジックツリーの重要な利点です。

 ### 初心者へのアドバイス

初心者がロジックツリーを実践する際には、小さな問題から始めるのがよいでしょう。たとえば、「プロジェクトの進捗が遅れている」という課題を「スケジュール管理の不足」「タスクの過多」「チーム内の連携不足」に分けて考えることで、解決策が見えてきます。また、ロジックツリーを作成する際は、データや事実に基づいた要因分析を心がけることが成功のカギとなります。

## 実例で学ぶロジックツリーの力

ロジックツリーを学ぶ際、事例を通じて実践的な理解を深めることが大切です。今回の売上低下の事例では、表面的な対策ではなく、原因を深掘りすることで根本的な解決策を導き出しました。データ収集や顧客の声を活用することで、ロジックツリーの分析力がさらに高まります。初心者は、身近な課題から始め、実例を参考にしながらスキルを磨きましょう。

# 問題解決のロジックツリー

## 問題解決のロジックツリー

**原因追究とともに解決策を**

例 利益低下の原因＝「シェアの低下」と判明

❌ シェアを上げろ
（＝問題の単なる裏返し）

⭕ どのようにシェアを上げるか
（＝具体的な解決策を考える）

### ロジックツリーを問題解決に応用する意義

　ロジックツリーは、問題の原因追究だけでなく、解決策の立案にも応用できる強力なツールです。問題解決の過程では、複雑に絡み合った課題を整理し、具体的なアクションプランを明確にする必要があります。ロジックツリーを使うことで、全体

像を見渡しながら効率的かつ効果的な解決策を検討することができます。

　たとえば、ある企業が「社員の生産性を向上させる」という課題を掲げた場合、ロジックツリーを使えば、具体的な要因を「業務フロー」「ツールや設備」「人的要素」の3つに分けられます。それぞれの要因をさらに細分化して、「業務フロー」では「手順の複雑さ」「情報共有不足」を、「ツールや設備」では「技術の陳腐化」「利用法の未熟さ」を、「人的要素」では「モチベーションの低下」「スキルの不足」を考慮することができます。この分解を通じて、どの部分に最も効果的にリソースを割り当てるべきかが見えてきます。

## 事例：ITプロジェクトの進行管理

　あるIT企業が、プロジェクトの進行が大幅に遅れている問題に直面しました。プロジェクトチームは、この問題を解決するためにロジックツリーを活用しました。最初に「プロジェクト計画」「リソースの確保」「チーム運営」という大枠に分け、それぞれの要因を分析しました。

### ①プロジェクト計画

　「スケジュールの現実性」「目標設定の不明確さ」「タスク間の依存関係の不整備」が問題として浮上しました。

→解決策として、目標を細分化し、実現可能な短期タスクを設定。

### ②リソースの確保

「必要人員の不足」「専門知識の欠如」が特定されました。
　→臨時スタッフの採用と社内教育プログラムの実施を決定。

### ③チーム運営

「役割分担の曖昧さ」「コミュニケーション不足」が原因として判明しました。
　→定期的な進捗会議を導入し、役割と責任を明確化。

## ロジックツリーを用いた成果

　このアプローチにより、プロジェクト遅延が40％削減され、納期の遵守率が大幅に向上しました。とくに、チーム運営に関する解決策がコミュニケーションを改善し、タスクの重複や遅延を防ぐ効果を発揮しました。

## 新社会人に向けた実践アドバイス

　問題解決型ロジックツリーを使う際は、解決策の「実現可能性」「効果の大きさ」「リソースの制約」を意識することが重要です。たとえば、上司から「会議の進行をスムーズにする方法

を考えてほしい」と依頼された場合、「会議前の準備」「会議中の運営」「会議後のフォローアップ」という形で分解し、それぞれに具体的な改善策を提案するとよいでしょう。このような形で使い方を学べば、職場での課題解決能力が飛躍的に向上します。

### 解決策の優先順位をつける方法

また、解決策を検討する際には、ロジックツリーを活用して選択肢を比較し、優先順位をつけることが求められます。たとえば、コストと効果を軸にマトリクスを作成することで、すぐに取り組むべき施策を明確にできます。このプロセスを通じて、リソースを効率的に活用できるようになります。

### 解決策を行動に移すためのコツ

ロジックツリーで得られた解決策は、具体的な行動計画に落とし込むことが大切です。「プロジェクトの進行を改善する」という抽象的な目標も、「週次会議を実施」「役割を明確化」といった行動に変換することで、実現性が高まります。問題を分解して整理するだけでなく、最後に必ず実行可能なプランまで落とし込むことを意識しましょう。

# 問題解決のロジックツリーの事例

## 問題解決のロジックツリーの事例

**例** 製造業者A社のシェア回復の解決策

**原因** 競合B社がA社のシェアを奪った

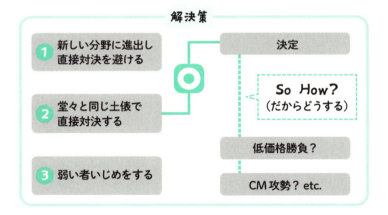

### 事例：小売業の在庫管理改善

競合B社にシェアを奪われた製造業のA社が、同じ市場でB社と直接対決しシェアを回復するための解決策をロジックツリーを活用して考えてみましょう。問題を体系的に分析することで、効果的な戦略を立案することが可能です。このプロセス

では、シェア回復のための施策を「製品の競争力」「価格戦略」「販売チャネル」「ブランド力」の4つに分解して考えます。それぞれの要素について分析し、具体的な施策を展開します。

①製品の競争力を強化する

最初に、競合B社が市場で支持されている理由を明確化し、自社製品の改善点を特定します。

まず、競合製品の特長や顧客に提供している価値を詳細に分析します。たとえば、性能、品質、デザイン、使い勝手、持続可能性といった要素が顧客に評価されている場合、それらを自社製品と比較します。もし、自社製品が性能や品質で劣っている場合には、開発力を強化し、改良を図る必要があります。また、差別化が可能な部分に注力し、競合とは異なる価値を顧客に提供することで、B社との競争で優位に立つことができます。

②価格戦略の見直し

次に、価格戦略を見直します。競合B社が低価格でシェアを拡大している場合、自社も価格競争に巻き込まれるリスクがあります。ただし、単純な価格引き下げは利益率を圧迫するため、慎重に検討する必要があります。

価格戦略の選択肢として、まず付加価値型のアプローチを検討します。製品の付加価値を強調することで、低価格競争を避け、顧客が価格以上の価値を感じられるようにします。たとえ

ば、アフターサービスの充実、保証期間の延長、エコや SDGs に関連した取り組みを製品に組み込むことが考えられます。

　③販売チャネルを強化する

　販売チャネルの強化も重要なポイントです。競合がシェアを拡大した背景には、販売チャネルの優位性がある可能性があります。自社の流通戦略や販売網を再評価し、顧客への接点を増やす取り組みが必要です。

　たとえば、オンライン販売の強化が挙げられます。競合がオンラインでの販売を重視している場合、自社も e コマースプラットフォームへの投資を強化する必要があります。さらに、代理店や販売パートナーとの関係を強化することで、競合よりも優位な条件で市場に製品を供給する体制を構築します。これにより、競合の販売網を圧倒する効果が期待できます。

　④ブランド力の向上

　B 社との競争において、ブランド力を高めることも重要です。顧客は単に製品の機能や価格だけでなく、ブランドの信頼性や価値観にもとづいて購入を決定します。

　ブランド力を向上させるためには、まず顧客に強い印象を与えるメッセージを発信する必要があります。自社製品の特長や競合との違いを強調した広告キャンペーンを展開し、ブランドの認知度を向上させます。また、顧客との接点を増やすために SNS を活用し、エンゲージメントを強化します。

さらに、社会的な価値観や持続可能性を訴求することで、ブランドの信頼性を向上させることができます。

 **初心者へのポイント**

　ロジックツリーを用いる際の初心者向けのアドバイスとして、分析する課題を段階的に深掘りすることが挙げられます。とくに、複数の要因を同時に扱う場合、それぞれの要因に対応する具体的なデータや事実を収集することが重要です。新社会人であれば、たとえば「業務効率を改善する」という漠然とした目標を「タスクの整理」「リソースの見直し」「コミュニケーションの改善」といった具体的な要因に分けて考える練習から始めるとよいでしょう。

## データを活用したロジックツリーの分析力

　ロジックツリーの分析精度を高めるには、適切なデータの収集と活用が欠かせません。在庫管理の事例では、販売履歴や顧客動向といったデータが効果的な解決策を導く手がかりとなりました。データが不足している場合、仮説を立てる際の精度が低下するため、日頃からデータを整理し、活用する習慣を持つことが成功のカギです。

# 日常生活における ロジックツリーの使い方

ロジックツリーを使って「家計の支出が増えている」という課題を分析し、解決策を考えてみましょう。3つのステップで進めます。

## ステップ1 原因を大分類する

課題「家計の支出が増えている」を大きく3つの原因に分類します。

【問題1】
以下のカテゴリを参考に、原因を挙げてみましょう。
1. 食費：外食が多い、食材を無駄にしている、買い物の計画性がない
2. 住居費・光熱費：電気代が高騰している、部屋の無駄な使い方、家賃の見直しができていない

3．娯楽や嗜好品：頻繁に衝動買いをする、サブスクリプションが多い、高額な趣味に支出している

 **原因を深掘りする**

ステップ1で挙げた原因の中から1つを選び、それを「なぜ？」で深掘りしていきます。

【問題2】

ステップ1で選んだ原因「外食が多い」について、3段階で深掘りしてください。

1．自炊をする時間がない
2．食材の在庫管理ができていない
3．家族で外食をする習慣がある

 **解決策を考える**

ステップ2で深掘りした原因をもとに、具体的な解決策を考えます。

【問題3】

選んだ原因（外食が多い）を解決するための方法を3つ挙げ、それぞれの実現可能性や期待できる効果を説明してください。

1. 簡単なレシピを週末にまとめてつくり置きする（時間の節約）
2. 食材のリストをつくり、計画的に買い物をする（無駄の削減）
3. 外食をする日は週1回に制限する（明確な目標設定）

ロジックツリーは、問題の原因を段階的に整理し、解決策を見つけるための有効なツールです。今回のワークを参考に、他のテーマでも練習してみましょう！

# 第5章

# 論理的思考で
# アウトプットする

# ピラミッド構造がカギ！
# 論理的思考の深め方

　考える力、つまり論理的思考を鍛えることって、どんな場面でも役に立ちますよね。仕事で企画を通したり、チームで課題を解決したり、さらには友達との何気ない会話で説得力を持たせるときだって。そこで重要になるのが「ピラミッド構造」という考え方です。これは話や考えを「結論→理由→具体例」と積み上げていく、まさにピラミッドのような形をつくる方法です。

　ピラミッド構造のいいところは、頭の中がスッキリ整理されるだけではなく、相手にもわかりやすく伝わることです。たとえば、「なんでこのプランが最適なの？」と問われたときに、最初に結論を明確に述べ、次にその理由をロジカルに説明、最

後に具体的なデータや事例で裏づけをすれば、説得力がグンと上がります。これが、論理的思考を使いこなす第一歩です。

　でも、実際の課題は、そんなにシンプルな構造ではありません。データや事実が揃っていても、人の感情や直感が絡んできたり、AIやツールが出した答えが「なんか違う気がする」と思えることもあります。そんなとき、ピラミッド構造をどう応用していくか、感情や直感をどう論理に組み込むかが腕の見せどころなのです。
　さらに、現代ではAIやデータ分析ツールも論理的思考を補助してくれる便利な道具になっています。たとえば、AIが提案してくれた膨大なデータから「何を重視すべきか」を考えるときにも、ピラミッド構造のように結論を見つける力が役に立ちます。AIが与えてくれるのは「材料」や「ヒント」であり、それを整理して行動に移すのは、やはり自分自身の考える力なのです。

　この章では、そんなピラミッド構造を活かした論理的思考の深め方を探っていきます。「ピラミッドの頂点」を目指して、考える力をさらにアップデートしてみましょう！

# ピラミッド構造とは

## ピラミッド構造

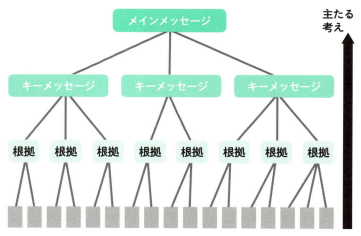

###  ピラミッド構造とは

　ピラミッド構造とは、情報を効率的かつ論理的に整理するための思考技法です。この手法では、情報をピラミッドの形状になぞらえて階層的に配置します。一番上にメインメッセージを置き、それを支える根拠や具体例をその下に展開することで、

複雑な情報をわかりやすく伝えることができます。

　ピラミッド構造が特に重宝されるのは、ビジネスや教育など、情報の共有や説得が求められる場面です。たとえば、新人社員が業務の改善提案を行うとします。この際、「提案の内容」「その根拠」「具体的な解決策」のように情報を整理することで、上司やチームメンバーに対して効率的に自分の考えを伝えることが可能です。

### なぜピラミッド構造が有効なのか？

　ピラミッド構造の有効性のカギは「聞き手や読み手が情報を受け取りやすい」という点にあります。人間は基本的に、一度に大量の情報を処理するのが苦手です。情報が無秩序に提示されると、どれが重要なポイントなのかを理解するのに余計な時間がかかり、内容がぼやけてしまう恐れがあります。一方で、ピラミッド構造を活用すれば、最初にメインメッセージを提示することで全体の方向性を明確にし、その後に詳細を補足する形で情報を展開できます。

　具体例として、マーケティングのプレゼンを考えてみましょう。新しい商品を提案する際、まず「この商品のターゲット層は誰で、どんな課題を解決するのか」というメインメッセージを提示します。その後、このメインメッセージを支えるデータとして、「市場規模の統計」「競合他社との比較」「具体的な

マーケティング施策」を説明することで、相手が必要な情報をスムーズに理解できるようになります。

また、ピラミッド構造を使うことで、情報のモレや重複を防ぐことができます。論点が整理されていないプレゼンでは、同じ内容を何度も繰り返したり、重要な情報を伝え忘れたりするリスクがあります。しかし、ピラミッド構造を意識して構築すれば、論理的な流れに沿って情報が整理され、聞き手にとって理解しやすい形に整えることが可能です。

 **ピラミッド構造を活用する場面**

ピラミッド構造は、ビジネスだけでなく、日常生活でも活用できます。たとえば、友人に旅行プランを提案する際、「旅行先の選定理由」「移動や宿泊の計画」「予算やスケジュール」などを段階的に説明することで、より説得力のある提案ができるでしょう。

また、学生がレポートを書く際にも、ピラミッド構造は非常に有用です。レポートでは、まず「結論」を提示し、その後「理由」や「根拠」を補足していくのが基本的な構成です。この手法に従えば、教授や読者が最も知りたい情報を最初に提示することができ、効率的な情報伝達が実現します。

## ピラミッド構造の限界

とはいえ、ピラミッド構造にはいくつかの限界も存在します。一つは、すべてのテーマに対して適用可能とは限らないという点です。とくに、非常に抽象的な議論や感覚的な表現が求められる場面では、ピラミッド構造を適用するのが難しい場合があります。たとえば、芸術や文学の批評などでは、必ずしも結論を最初に提示する必要がない場合があります。

また、ピラミッド構造を誤って用いると、重要な情報が省略されたり、論理が飛躍したりする危険性があります。そのため、ピラミッド構造を活用する際には、根拠や補足情報が正確であることを確認する必要があります。

### プレゼンテーションとピラミッド構造

ピラミッド構造は、プレゼンテーションで話をわかりやすく伝えるための便利な方法です。まず結論やメインメッセージを最初に伝え、その後で理由や具体例を追加して説明します。これを使うと、聞き手が「何が重要なのか」をすぐに理解できるうえ、話がスムーズで説得力もアップします。また、情報が整理されているので、余計な部分に迷わず要点が伝わります。簡潔でわかりやすいプレゼンをしたいなら、ピラミッド構造を取り入れるのがおすすめです。

# ピラミッド構造の利点と注意点

## 文章の比較

> ピラミッド構造になっている文章とそうでない文章

**例** A社のフランチャイズ権購入の是非についての報告書

 単純に事実・根拠を列挙

 一番言いたいこと（購入すべきだ）を述べ、その根拠を3つにグループ化し、小ポイントでサポートする

 **ピラミッド構造の特徴**

　ピラミッド構造を活用することで、複雑な情報を整理し、効率的に伝えることが可能です。この手法には多くの利点があり、とくにビジネスや教育など情報伝達が重要な場面でその効果を発揮します。一方で、注意すべき点もいくつか存在します。

##  ピラミッド構造の利点

### ①情報の優先順位が明確になる

　ピラミッド構造の最大の利点は、情報の優先順位を明確にできる点です。最上位にメインメッセージを配置し、その下に補助ポイントを展開するため、聞き手や読み手は一目で何が最も重要な情報なのかを理解することができます。

　たとえば、新たな分野に進出するために既存のフランチャイズ権の購入の是非を検討した調査報告書をまとめる際、単純に事実・根拠をずらずら並べるのではなく、一番言いたいこと（購入すべき）を冒頭に述べ、その根拠を3つ（例：成長性、財務的メリット、実現可能性など）程度にグループ化すると、報告全体が非常にわかりやすくなります。

### ②情報の整理が容易になる

　ピラミッド構造を用いると、情報を体系的に整理しやすくなります。とくに、情報が大量にある場合でも、メインメッセージと補助ポイントに分けて整理することで、伝えたい内容を簡潔にまとめることが可能です。

### ③説得力が高まる

　ピラミッド構造では、メインメッセージを補強する形で詳細情報を展開するため、論理的な説得力が高まります。メインメ

ッセージに対する根拠や具体例が明確であればあるほど、相手に安心感を与え、提案内容への信頼を高めることができます。

たとえば、新製品の提案を行う際、「市場調査データ」「顧客からのフィードバック」「競合他社の分析結果」といった具体的な情報を提示することで、提案内容が単なる意見ではなく、客観的な事実に基づいていることを証明できます。

④伝達効率が向上する

ピラミッド構造では、最初にメインメッセージを提示するため、話の方向性が明確になります。そのため、聞き手が「この話の結論は何か」と迷うことなく、効率的に情報を受け取ることができます。

 ピラミッド構造の注意点

①情報が複雑になりすぎるリスク

ピラミッド構造を使う際、情報を細分化しすぎると、全体が複雑になり、重要なポイントが埋もれてしまう可能性があります。とくに補助ポイントが多くなる場合は、全体を見直し、本当に必要な情報だけを残すよう注意が必要です。

②主ポイントと補助ポイントの関係性が曖昧になる

ピラミッド構造の基本は、主ポイントを補助ポイントが支え

る関係性ですが、この関係が曖昧になると、話全体が散漫になり、説得力が低下します。

### ③根拠の信頼性が重要

ピラミッド構造では、メインメッセージを支える根拠が非常に重要です。もし根拠が不十分であったり、信頼性に欠ける場合、全体の信憑性(しんぴょうせい)が損なわれてしまいます。

## まとめ

ピラミッド構造は情報を効率的に伝えるための強力なツールですが、その利点を最大限に活用するためにはいくつかの注意点に留意する必要があります。適切にメインメッセージと補助ポイントを整理し、根拠を信頼性のある情報で固めることで、説得力のあるアウトプットを実現できます。特に新社会人にとって、これらのスキルを身につけることは、プレゼンテーションや報告書作成などの業務を円滑に進めるための大きな武器となるでしょう。

# 主ポイントと補助ポイントの関係

## 主ポイントと補助ポイントの"縦"の関係

**例 食品スーパーの経営コンサルティング**

**主ポイント**
地域内のチラシ広告を増やすべきだ

↓ なぜ？

**補助ポイント**
競合店が出現したから

↓ なぜ？

どのような競合か？

（原因がハッキリするまで「なぜ」を繰り返そう！）

縦の関係

### ピラミッド構造の基本

　ピラミッド構造の基本は、「主ポイント」を軸にその下を「補助ポイント」が支える形で構成される階層的な情報整理です。この関係を適切に理解し活用することで、複雑な情報を論理的にまとめるだけでなく、聞き手や読み手にとってもわかり

やすいアウトプットが可能になります。

## 主ポイントと補助ポイントの役割

　主ポイントは、ピラミッド構造の最上位に位置し、全体の核となるメッセージを表します。このメッセージは、読み手や聞き手がまず理解すべき内容であり、その後の情報展開の指針となるものです。

　たとえば、あなたが食品スーパーの経営コンサルティングを任されているとします。あなたはスーパーの経営者に対し、「地域内のチラシ広告を増やすべきだ」（主ポイント）という提案をしました。経営者は間違いなく「なぜだ」という疑問を抱くでしょう。そこであなたはピラミッドを一つ下に降りて、その疑問に答えるべく、次のように理由を展開します。「競合店が出現したから」（補助ポイント）。その理由を聞いて、経営者はさらに疑問を抱きます。「どのような競合店が出現したのか」。そこであなたはさらに一段ピラミッドを降りて、その疑問に答えていきます。そして、経営者が疑問を抱かなくなるまで、この質疑応答を繰り返します。このようにしていけば、相手にわかりやすくメッセージを伝えることができます。

　主ポイントが曖昧だったり、内容が広がりすぎていると、ピラミッド構造全体の意図がぼやけてしまいます。そのため、主ポイントは簡潔で的確な表現を心がける必要があります。「何

を主張したいのか」という軸を常に意識することが重要です。

　補助ポイントは、主ポイントを支える具体的な情報や根拠、説明です。これらは、主ポイントの信頼性を高める役割を果たします。主ポイントだけを提示しても説得力には欠けるため、それを裏づける補助ポイントが不可欠です。

### 主ポイントと補助ポイントの関係性

　ピラミッド構造では、主ポイントと補助ポイントの関係性が論理的であることが求められます。具体的には、「補助ポイントが主ポイントを直接的に支えているかどうか」を意識する必要があります。この関係が不明確な場合、全体の構造が崩れ、説得力が損なわれます。

### 補助ポイントの構造

　補助ポイントが複数ある場合、それぞれの順序や関係性も重要です。補助ポイントが互いに補完し合う形で構成されていると、全体の説得力が高まります。

### 主ポイントと補助ポイントの適切なバランス

　主ポイントと補助ポイントのバランスをとることも重要です。補助ポイントが多すぎると、聞き手や読み手が情報量に圧倒され、結局どの情報が重要なのかわからなくなる可能性がありま

す。一方で、補助ポイントが不足している場合は、主ポイントの信憑性が低下します。

　たとえば、製品提案の場面で「この商品は他社製品より優れている」という主ポイントを提示する場合、価格、性能、デザイン、アフターサービスといった補助ポイントを2〜3点に絞り込むことが効果的です。それ以上多くの補助ポイントを展開すると、話が散漫になりやすいため注意が必要です。

### まとめ

　ピラミッド構造における主ポイントと補助ポイントの関係は、論理的なアウトプットを作成するうえでの基盤となる部分です。主ポイントは全体の核となるメッセージであり、補助ポイントはそれを支える具体的な情報や根拠です。両者の関係性を明確にし、バランスをとることで、説得力のあるプレゼンテーションや報告書が完成します。この関係性を理解し活用することは、社会人としての重要なスキルであり、日々の業務での成果向上につながるでしょう。

# 補助ポイント間の関係性

## 補助ポイント同士の"横"の関係

- 地域内のチラシ広告を増やすべきだ
  - なぜ？
- 競合店が出現したから
  - なぜ、そんなことが言えるのか？

| 粗利益率が50％を超える事業を展開すると、必ず競合店が出現する | → | 我々の事業は粗利益率50％を超えている | → | 競合店が出現している |

← 横の関係 →

↕ 縦の関係

### 補助ポイント間の関係性とは

　ピラミッド構造を効果的に活用するためには、補助ポイント間の関係性を適切に整理することが重要です。補助ポイントは単に主ポイントを支えるだけではなく、互いに補完し合い、一貫性のあるストーリーを構築する役割も果たします。ここでは、

補助ポイント間の関係性を整理する際のポイントや注意点、実際の活用例について詳しく解説します。

##  補助ポイント間の関係性の基本

補助ポイントは、それぞれ独立しているように見えても、多くの場合、相互に関連し合っています。この関係性を明確に示すことで、全体のメッセージがより説得力を持つようになります。

##  補助ポイント間の一貫性を確保する方法

補助ポイント間の一貫性を確保するためには、以下の3つのステップが有効です。

### ①共通のテーマを設定する

補助ポイント間の関係性を整理する第一歩は、共通のテーマを明確にすることです。テーマが明確であれば、それぞれの補助ポイントが主ポイントにどのように関連しているのかを理解しやすくなります。

### ②論理的な流れを意識する

補助ポイントを提示する順序も重要です。情報が無秩序に提示されると、聞き手や読み手は混乱してしまいます。論理的な

流れを意識し、原因から結果へ、または一般的な情報から具体的な情報へと展開することで、補助ポイント間の関係性が明確になります。

### ③相互補完の関係を強調する

補助ポイント間が補完し合っている場合、そのつながりを明確に示すことで、提案の説得力がさらに高まります。たとえば、データやグラフを用いて、補助ポイントが互いに支え合う関係を視覚的に説明する方法が有効です。

## 注意点：関係性が不明瞭になるリスク

補助ポイント間の関係性が不明瞭になると、全体の説得力が損なわれるだけでなく、聞き手や読み手を混乱させる可能性があります。以下は、よくある問題点とその解決策です。

### 問題1：補助ポイントが主ポイントと直接関係していない

補助ポイントが主ポイントと明確に関連していない場合、聞き手は「この情報は本当に必要なのか」と疑問を持つことになります。たとえば、「コスト削減」を主ポイントとする提案で、「競合他社のマーケティング戦略」を補助ポイントとして挙げると、一貫性が欠ける可能性があります。

解決策：補助ポイントが主ポイントを直接支えているかを常

に確認し、関連性の低い情報は除外するよう心がけましょう。

### 問題2：補助ポイント同士が矛盾している

補助ポイントが矛盾していると、全体の信頼性が低下します。たとえば、「オンライン広告はコストが高い」とする補助ポイントと「オンライン広告はコストが低い」とする補助ポイントが同時に提示される場合、聞き手は混乱します。

解決策：補助ポイント間の整合性を事前に確認し、矛盾を解消することが重要です。

---

## まとめ

補助ポイント間の関係性を整理し、論理的に提示することは、ピラミッド構造を効果的に活用するうえで欠かせません。共通のテーマを設定し、論理的な流れを意識しながら、補完し合う補助ポイントを配置することで、全体の説得力を高めることができます。このスキルを身につけることで、ビジネスの場面での提案や報告をより効果的に行うことができるでしょう。

# 導入部のストーリー展開

## 導入部のストーリー展開

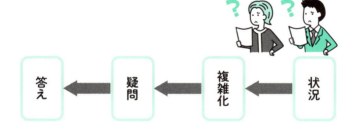

答え ← 疑問 ← 複雑化 ← 状況

### 導入部のストーリー展開とは

　ピラミッド構造を活用する際、導入部のストーリー展開は非常に重要な役割を果たします。

　導入部は、聞き手や読み手が提示される内容に関心を持ち、その後の展開をスムーズに理解するための出発点です。説得力

のあるアウトプットを作成するには、導入部で適切な背景説明や問題提起を行い、相手を引き込む必要があります。

### 導入部の役割

導入部には、以下の3つの主要な役割があります。

#### ①聞き手や読み手の注意を引く

最初の数文で聞き手の興味を引くことが必要です。興味を引かれることで、聞き手はその後の内容に耳を傾ける準備が整います。

#### ②文脈を提供する

導入部では、主ポイントの背景や重要性を示すことで、聞き手や読み手に「なぜこの話を聞く必要があるのか」を理解させます。

#### ③問題提起を行う

課題や疑問を提示することで、聞き手や読み手に「解決策を知りたい」という意識を喚起します。

### ストーリー展開の基本ステップ

効果的な導入部を構築するためには、以下のステップを意識

することが重要です。

### ①背景の提示

導入部では、聞き手や読み手が直面している状況や文脈を説明します。この背景情報が不足していると、聞き手や読み手は内容を理解しにくくなります。

### ②問題提起

背景を提示した後は、明確な問題提起を行います。問題提起は、聞き手や読み手の関心を引き、解決策に対する期待感を高める役割を果たします。

### ③解決策への示唆

問題提起の後、解決策への方向性を示唆することで、聞き手や読み手に希望を持たせます。具体的な解決策は主ポイントで提示するため、導入部ではその内容に対する期待を高める程度にとどめます。

## 導入部の実例

たとえば、以下は営業成績向上に関する提案の導入部の一例です。
　①背景の提示：

「現在、当社の営業成績は前年同期比で10%の減少を記録しています。特に新規顧客の獲得件数が減少しており、これが主要な課題とされています」

②問題提起：

「新規顧客の獲得が減少している主な原因は何でしょうか？また、どのようにしてこれを改善するべきでしょうか？」

③解決策への示唆：

「私は、営業プロセスの一部を自動化し、ターゲティング精度を向上させることで、この課題を克服できると考えています。その具体策について次にご説明します」

## まとめ

導入部のストーリー展開は、ピラミッド構造の中でも特に重要な要素です。背景の提示、問題提起、解決策への示唆という3つのステップを意識しながら、簡潔かつ論理的に展開することで、聞き手を引き込むことが可能です。特に社会人1年目にとって、このスキルを習得することは、プレゼンテーションや報告書作成において大きなアドバンテージとなるでしょう。

# ピラミッド構造のつくり方

## ピラミッド構造のつくり方

```
          結論  A大学はつぶれるだろう
 ト                   │
 ッ     ┌─────────┼─────────┐             ボ
 プ     │         │         │             ト
 ダ   少子化    講義の質が    立地が悪い        ム
 ウ   問題      低い                         ア
 ン                                         ッ
 型   □□□□   □□□□    □□□□           プ
                                             型
```

### トップダウン型

「A大学はつぶれる」なぜなら、「少子化」「講義」「立地」の問題を抱えているからだ。まず「少子化」の問題だが……、次に「講義」の問題、最後に「立地」の問題……

### ボトムアップ型

「少子化を示すいくつかの問題がある」「講義の質の悪さが及ぼす悪影響を示すいくつかの情報がある」「立地の悪さが大学経営に与える悪影響に関するデータがある」
→「これらの問題をすべて抱えるA大学はつぶれる」

 ピラミッド構造をつくる際の2つのアプローチ

　ピラミッド構造をつくる際には、トップダウン型とボトムアップ型の2種類のアプローチがあります。両者の違いは、情報整理の進め方にあります。

　トップダウン型では、まず結論やメインメッセージを決め、

それを支える理由や具体例を後から付け加えていきます。これにより、全体像が明確で一貫性のある構造をつくりやすいのが特徴です。一方、ボトムアップ型は、まずデータや事例を集め、それらを整理・統合してから結論を導き出します。この方法は、詳細な分析や深い理解が必要な場合に適しています。

トップダウンは効率的、ボトムアップは慎重なアプローチとして使い分けるのがポイントです。

## ピラミッド構造作成のステップ

ピラミッド構造をつくる際には、以下のステップを順に進めることが基本です。

### ①結論（主ポイント）を明確にする

最初のステップは、ピラミッドの頂点となる主ポイントを明確にすることです。この主ポイントは、聞き手や読み手が最も知りたいこと、もしくは最も重要なメッセージを簡潔に表現したものです。

たとえば、営業戦略の提案では、「新しいターゲット市場への進出が必要です」という結論が主ポイントになります。この主ポイントを一言で表現できるようにすることが、構造全体を整理するための第一歩です。

### ②主ポイントを支える補助ポイントを考える

次に、主ポイントを支える補助ポイントを考えます。補助ポイントは、主ポイントに対する具体的な根拠や詳細な情報を提供する役割を果たします。補助ポイントは、主ポイントを論理的に支えるよう関連づけられていなければなりません。

### ③補助ポイントをさらに具体化する

補助ポイントが明確になったら、それぞれを具体的なデータや事例で補強します。このプロセスでは、補助ポイントを支える「根拠の根拠」を提供する形で、情報をピラミッド構造の下位に配置します。

### ④情報の優先順位を整理する

ピラミッド構造では、情報の優先順位が重要です。すべての情報を同じレベルで提示すると、聞き手や読み手がどの部分に注目すべきかわからなくなります。主ポイントを頂点に置き、補助ポイントがそれを支え、その下に詳細情報を配置する形で、全体の優先順位を明確にしましょう。

### ⑤全体の一貫性を確認する

最後に、全体の構造が論理的に一貫しているかを確認します。補助ポイント同士が矛盾していないか、情報が過不足なく整理

されているか、また主ポイントが十分に支えられているかをチェックします。

 **注意点：構造が複雑化しすぎるリスク**

ピラミッド構造を作成する際には、以下の点に注意が必要です。

・補助ポイントや詳細情報を詰め込みすぎると、全体が複雑になり、聞き手や読み手が内容を理解しにくくなる可能性があります。

・主ポイントが曖昧なまま進めると、構造全体がぼやけてしまうため、最初のステップを慎重に行うことが重要です。

### まとめ

ピラミッド構造を作成するためには、主ポイントの明確化、補助ポイントの設定、詳細情報の具体化、優先順位の整理、全体の一貫性の確認というステップを踏むことが不可欠です。この手順をしっかりと理解し実践することで、論理的で説得力のあるアウトプットを作成することができます。このスキルは、社会人としての情報整理能力やコミュニケーション能力を高めるうえで大きな武器となるでしょう。

# 論理的文章と非論理的文章の比較

## 論理的文章と非論理的文章の違い

### 論理的文章の例

「売上を向上させるには、まずターゲット顧客層を明確化し、それにもとづいた商品開発とマーケティング戦略を策定する必要がある。さらに、顧客のフィードバックを収集して商品やサービスを改善することが、中長期的な成長につながると考えられる」

### 非論理的文章の例

「売上を上げるには、もっと売れる商品を考えて、それをお客様に伝える工夫をすることが大事だと思う。たとえば、もっと広告を出すとか、キャンペーンを増やすといいかもしれないが、まずは全体的なアイデアが必要だろう」

### 論理的文章と非論理的文章の差

論理的思考をアウトプットに活用する際、文章が「論理的」であるかどうかは、伝えたいメッセージを効果的に届けられるかどうかを左右する重要な要素です。一方で、非論理的な文章は混乱や誤解を招き、伝達効率を著しく下げる可能性があり

ます。

### 論理的文章の特徴

論理的文章には、以下のような特徴があります。

#### ①明確な目的を持つ

論理的文章は、伝えたいメッセージが明確に定義されています。このため、読み手や聞き手はその内容を一読して「何を主張しているのか」をすぐに理解することができます。

#### ②構造が整理されている

論理的文章では、情報が階層的に整理されており、主張を補強する根拠や具体例が適切な順序で配置されています。この構造により、読み手は論理の流れを追いやすくなります。

#### ③言葉が正確である

論理的文章は、曖昧な表現を避け、具体的かつ正確な言葉を使用します。これにより、読み手に誤解を与えることがなく、文章の信頼性が高まります。

### 非論理的文章の特徴

一方、非論理的文章には次のような問題点があります。

### ①主張が曖昧

非論理的文章では、何を伝えたいのかがはっきりしないことがよくあります。このため、読み手は内容を理解するのに苦労し、場合によっては誤解を招きます。

### ②情報が散漫

非論理的文章では、情報が整理されておらず、どの部分が重要なのかが不明です。また、論理的なつながりが欠けていることが多いため、文章全体が断片的に見えます。

### ③曖昧な表現が多い

非論理的文章では、具体性を欠いた曖昧な言葉が多用される傾向があります。このため、読み手は文章の内容を正確に理解することが難しくなります。

## 論理的文章を書くためのポイント

論理的文章を作成するためには、以下のポイントを意識することが重要です。

### ①主張を明確にする

まず、伝えたい結論を一文で表現します。この結論を軸に文章全体を構築します。

### ②根拠を示す

主張を支える根拠を具体的に示します。この際、データや事例を活用すると、説得力が高まります。

### ③順序立てて説明する

情報を整理し、聞き手や読み手が理解しやすい順序で提示します。

### ④曖昧な表現を避ける

「たぶん」「おそらく」「いろいろ」といった曖昧な言葉は避け、具体的な数字や事実を用います。

---

## まとめ

論理的文章と非論理的文章の違いを理解することは、効果的なアウトプットを作成するための基本です。論理的文章では、主張が明確であり、根拠や情報が整理され、具体性が高い点が特徴です。一方で、非論理的文章は曖昧で情報が散漫になりやすく、説得力を欠きます。社会人１年目にとって、論理的な文章を書くスキルを身につけることは、報告書作成やプレゼンテーションの成功に大きく寄与するでしょう。

# 日常生活を題材にした
# ピラミッド構造の使い方

ピラミッド構造は、「結論→理由→具体例」という順序で情報を伝える方法です。このワークでは、「友人をランチに誘うメッセージをつくる」を題材に3ステップで学びます。

## ステップ1 ピラミッド構造の基本を理解する

ピラミッド構造は、情報を「結論」を頂点にして、下に「理由」、さらに「具体例」を配置する方法です。最初に結論を伝えることで、相手がメッセージを理解しやすくなります。

【例】
- 結論：今週末、一緒にランチに行こう！
- 理由：新しいカフェがオープンしていて、雰囲気がよさそうだから。
- 具体例：そのカフェは口コミで評価が高く、メニューが

多彩。

### ステップ 2　実際に文章を作成してみよう

以下のヒントを参考に、自分の言葉でメッセージを書いてみてください。

1. 結論を書く（例：「今週末、一緒にランチに行こう！」）
2. 理由を挙げる（例：「新しくできたカフェが評判で、美味しいと聞いたよ」）
3. 具体例を加える（例：「そのカフェはテラス席があって、パスタやデザートが美味しいらしい」）

（例文）

「今週末、一緒にランチに行こう！　新しくオープンしたカフェ『○○』は口コミで評判がよくて、テラス席も素敵だよ。美味しいパスタやデザートがあるらしいから試してみない？」

### ステップ 3　フィードバックを受け、改善する

1. メッセージを共有する

他の参加者または講師に文章を見てもらい、「結論」「理由」

「具体例」がわかりやすいかを確認します。

　2．改善案を考える

　フィードバックを受けて、必要に応じて理由や具体例を強化します。

　（改善例）

　「今週末、一緒にランチに行こう！　カフェ『〇〇』は新しいお店で、地元でも評判みたい。テラス席でゆっくりできるし、人気のスイーツも楽しめるらしいよ！」

　ピラミッド構造を意識することで、短くても伝わりやすいメッセージがつくれます。日常の場面で繰り返し練習して、自然に使えるようにしましょう！

# 第6章

# 論理的思考を さらに深めるために

# 論理的思考を
# パワーアップする方法

　論理的思考を「難しい話」と感じる人もいるかもしれません。でも、本当はそうではありません。論理的思考は、目の前の問題を整理し、「どうすればいいか」を冷静に考えるためのツールです。たとえば、仕事で「なぜ、この計画がうまくいかないんだろう？」と悩んだとき、頭の中で状況を整理して、一歩ずつ解決策を探る。このプロセス自体が論理的思考なのです。

　ただ、少し立ち止まって考えてみましょう。目の前にある問題は、そんなにシンプルなものばかりでしょうか？　現実の課題には、感情や直感、複雑な状況が絡み合っています。「データ的にはこれが正しいんだけど、なんだか違う気がする」とか、「この解決策、理屈は通っているけど、人が納得するかな？」

といったケースに直面することも多いはずです。そんなとき、論理だけで突き進むのではなく、感情や直感もうまく取り入れながら考える力が求められます。

　さらに、今の時代はAIやデータ分析ツールといった便利な道具がどんどん登場しています。それらは私たちの思考を助けてくれる素晴らしい存在ですが、使い方を間違えると、「AIが言ってるから正しい」と盲目的に頼ってしまう危険もあります。だからこそ、道具を上手に使いこなしつつ、自分の頭で考える力を鍛えておくことが大切です。

　論理的思考を深めるためのコツは、実は地道なトレーニングにあります。頭の中で問題を分解して考える癖をつけたり、日常の中で「なぜ？」を繰り返すことで、少しずつその力は鍛えられます。最初は面倒に感じるかもしれませんが、続けていくうちに「自然とできる」ようになるのが面白いところです。


　この章では、そんな論理的思考をさらに深めるためのヒントをお届けします。感情や直感とのバランスのとり方、現代のツールとのつきあい方、日々のトレーニング方法、さらには役立つ参考書やリソースまで幅広くカバーします。一歩ずつでも、自分の思考をアップデートしていく楽しさを感じながら読み進めていただけたらうれしいです。

# 論理的思考と感情・直感のバランス

### 論理的思考の限界と感情の役割

　論理的思考は、問題解決や意思決定を行ううえでの強力なツールです。しかし、これが万能でないことも理解する必要があります。とくに人間同士の関係性や感情が絡む場面では、論理だけでは不十分な場合があります。たとえば、業務において

データをもとに「最適」とされる選択肢が、関係者の感情や価値観を無視した結果、受け入れられないことがあります。

　感情は単なる非論理的な反応ではなく、重要なシグナルとして機能することがあります。たとえば、会議で何かに対する強い感情を抱いたとき、それはその問題が持つ潜在的な重要性や、まだ明確化されていない要因を示しているかもしれません。このように感情に注意を払うことで、論理的思考では見すごしがちな課題を浮き彫りにすることができます。

## 直感の働きとその価値

　一方、直感は、過去の経験や知識にもとづいて瞬間的に下される判断を指します。たとえば、ベテランの営業担当者が「このお客は特定の商品に関心がある」と感じる場合、これは経験から得られた直感が働いている結果です。直感は、意識的な分析を省略し、迅速に行動するための重要なスキルです。

　しかし、直感には限界もあります。それは、無意識的な偏見や過去の誤った経験にもとづいている可能性があるためです。とくに、新しい状況や複雑な問題に直面した場合、直感だけに頼ると、誤った結論に至るリスクがあります。そのため、直感を活用する際には、それが論理的な根拠と整合性がとれているかどうか検証することが重要です。

**感情・直感と論理のバランスをとるための方法**

感情や直感と論理的思考をバランスよく活用するには、次のような方法があります。

### ①感情を客観的に分析する

感情に流されず、それがなぜ生じているのかを冷静に考える習慣を持つことが重要です。たとえば、「この提案に反対する理由は何か」を言葉にしてみることで、感情の背景にある論理を浮き彫りにすることができます。

### ②直感の検証を行う

直感的によいと感じた選択肢について、実際のデータや事例をもとに検証するプロセスを設けます。たとえば、「この戦略が成功する確率が高いと感じる理由は何か」と問いかけ、仮説を立てて分析することが有効です。

### ③他者の視点を取り入れる

チームで議論する際、感情や直感を共有することも重要です。他者の視点に立つことで、偏りや思い込みに気づき、よりバランスのとれた判断が可能になります。

このように、感情、直感、論理のそれぞれを相互に補完する形で活用することで、問題解決や意思決定の質を高めることが

できます。

> ## 感情の科学とビジネスでの応用
>
> 　感情は「非論理的」と見なされがちですが、実は科学的にも合理性のある要素として認識されています。たとえば、ノーベル経済学賞を受賞したダニエル・カーネマンは、人間の意思決定における「速い思考（直感）」と「遅い思考（論理）」の役割を解明しました。彼の研究によれば、直感的な判断は迅速な意思決定を可能にする一方で、偏りやミスを引き起こす可能性もあることが示されています。
>
> 　ビジネスでも、感情や直感を活用する場面があります。たとえば、商品開発において顧客の潜在的なニーズを掴む際には、データだけでは見えない「感覚」が重要です。さらに、リーダーシップにおいては、論理だけでなく、メンバーの感情に寄り添い、共感を示すことでチームの士気を高めることができます。このように、感情や直感は論理的思考と対立するものではなく、適切に活用することでより効果的な意思決定が可能になるのです。

# 現代ツールとAIを活用した論理的思考

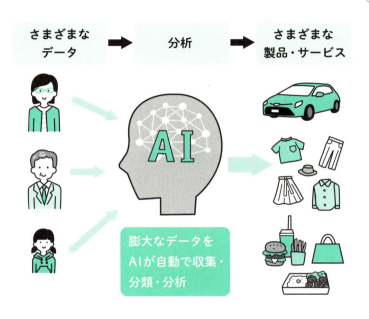

## 現代ツールがもたらす論理的思考の変革

　ITの発展により、膨大なデータを効率的に処理し、分析するツールが普及しました。これらのツールは、従来の論理的思考プロセスを補強し、新たな次元に引き上げる役割を果たしています。とくにAI（人工知能）は、人間が短時間では分析しき

れない複雑なデータを処理する能力を持ち、意思決定や問題解決を支援します。

たとえば、AIを活用したカスタマーサポートでは、過去の問い合わせデータを分析してパターンを特定し、新しい問い合わせに即座に適切な対応を提案します。このようなツールの導入により、企業は顧客満足度を向上させると同時に、対応時間を大幅に短縮することができます。

##  AIの具体的な活用事例

### ①需要予測

小売業では、AIを用いた需要予測が在庫管理に革命をもたらしています。たとえば、季節ごとの販売データや天候情報をもとに、各商品の需要を予測し、適切な在庫を確保することで、売れ残りや欠品を防ぎます。

### ②マーケティングの効率化

マーケティングにおいて、AIは広告のターゲティングやキャンペーンの効果測定を自動化します。たとえば、SNS広告のパフォーマンスをリアルタイムで分析し、最適な広告内容や配信タイミングを調整することで、費用対効果を最大化できます。

### ③データ分析と意思決定支援

　ビジネスインテリジェンス（BI）ツールは、企業の膨大なデータを視覚化し、迅速な意思決定を支援します。たとえば、ダッシュボードを用いて売上データや顧客動向をリアルタイムで把握することで、迅速かつ正確な戦略立案が可能になります。

## AI 活用の課題と注意点

　AI には多くの利点がある一方で、いくつかの課題もあります。とくに、AI の出す結果がブラックボックス化している場合、その結果をそのまま採用することはリスクを伴います。たとえば、AI が推薦した施策がなぜ有効であるのかを説明できなければ、信頼性や適用可能性に疑問が生じます。

　さらに、AI は過去のデータにもとづいて学習するため、未知の状況や新しい課題に対応する能力が限られています。このため、AI の結果を鵜呑みにせず、人間がそれを評価・補完することが求められます。

## ツールを活用するためのスキル

　AI やデータ分析ツールを効果的に活用するには、基本的なデータリテラシーを身につけることが重要です。たとえば、エクセルなどを使った簡単なデータ処理やグラフ作成のスキルを習得することで、ツールの力を最大限に引き出すことができま

す。また、統計や分析手法の基礎を理解することで、AIが出す結果の背景をより深く理解し、活用できるようになります。

## チャットGPTのビジネス活用事例

　AIツールの中でも注目されているのが、自然言語処理技術を活用したチャットGPTのような生成AIです。この技術は、論理的思考を支援するだけでなく、新しいアイデアを生み出すための創造的なプロセスにも活用されています。

　具体例として、マーケティング分野での活用があります。企業は、チャットGPTを利用して製品のキャッチコピーや広告文のアイデアを生成し、そこから最適なものを選び出すプロセスを効率化しています。また、ビジネスレポートの作成においても、基礎的な構成案をAIが提供し、それをもとに人間が内容を深めていく方法が普及しています。

　ただし、こうしたツールを使う際には、AIが提供する答えをそのまま採用するのではなく、人間の判断による精査が重要です。AIのアウトプットはデータにもとづいていますが、その前提条件が常に適切とは限らないためです。このように、AIを賢く使うことで、論理的思考のプロセスが大幅に強化される一方、最終的な意思決定には人間の知見が欠かせないのです。

# 論理的思考を鍛える トレーニング法

普段から「なぜ?」と問い続ける習慣をつける

### 論理的思考は鍛えられるスキル

　論理的思考は生まれ持った才能ではなく、誰でも鍛えられるスキルです。とくにビジネスの現場では、明確な根拠にもとづいて結論を導き出し、それを効果的に伝える能力が求められます。しかし、多くの人が「論理的に考えるのが苦手」と感じて

いるのも事実です。それは、訓練の機会が不足していることや、適切な方法を知らないことが原因です。

## 「なぜ？」を繰り返す習慣をつける

日常生活や業務の中で、自分の行動や周囲の出来事に対して「なぜこうなっているのか？」と問い続けることで、原因と結果の関係を深く考える力が養われます。

たとえば、「売上が昨年に比べて減少している」という問題が発生した場合、「なぜ売上が減少したのか？」を考えることから始めます。その背景には、競合の台頭、価格設定のミス、マーケティング不足など、さまざまな要因が考えられます。このように、「なぜ？」を繰り返して因果関係を掘り下げることで、根本的な原因を特定するスキルが向上します。

## 論理的文章を書く練習

文章を書くことは、論理的思考を鍛えるための効果的な方法です。特に、「結論」「理由」「具体例」を明確に示す練習をすることで、思考の整理能力が磨かれます。

たとえば、次のような形式で文章を書く練習をするとよいでしょう。

①結論：「売上減少の原因は、競合他社の価格戦略にある」

②理由:「競合他社は、当社よりも20%安い価格で類似商品を販売している」
③具体例:「調査データによると、競合商品の市場占有率が昨年から15%増加している」

このように結論を先に示し、それを補強する理由やデータを後から述べることで、相手にわかりやすく説得力のある文章が書けるようになります。

## ケーススタディやロールプレイングの活用

実際のビジネスシーンを想定したケーススタディやロールプレイングも、論理的思考を鍛える方法として効果的です。たとえば、架空のプロジェクトを題材にして、チームで課題を分析し、解決策を提案する演習を行います。このようなトレーニングを通じて、実践的なスキルが身につきます。

さらに、演習後にフィードバックを受けることで、自分の考えの弱点や改善点を認識することができます。他者からの指摘は、思考の偏りや見落としを補正する貴重な機会です。

## 長期的なスキル向上のために

論理的思考は一朝一夕に身につくものではありません。日々の業務や生活の中で、意識的に練習を続けることが大切です。

たとえば、「1日1つ、論理的に考える課題を設ける」「毎週1回、自分の考えを整理して文章にまとめる」といった小さな目標を設定するとよいでしょう。

## 子どもの頃からできる論理トレーニング

　論理的思考は、年齢を問わず、重要なスキルです。とくに、学校教育の中でこのスキルを育むことは、将来の学業やキャリアにおいて大きなプラスになります。たとえば、簡単なディベートや「もしこうだったらどうなるか？」という仮説思考を取り入れた活動が効果的です。

　具体例として、小学生向けの「論理パズル」や「なぞなぞ」は、遊びながら論理的思考を鍛えるよい方法です。たとえば、「3匹の動物が順番に橋を渡るには何回往復する必要があるか？」といった問題に取り組むことで、子どもたちは自然と論理的に考える力を身につけます。

　また、家庭でも簡単に実践できる方法があります。子どもが「なぜ？」と質問したとき、「それについてどう思う？」と逆に問いかけ、考えるきっかけを与えることです。このような習慣が、論理的思考の土台を築く助けになります。

# おすすめの参考文献と学習リソース

論理的思考は日々の学びと実践を通じて身につけよう！

### 良書から学ぶ：初心者向けの入門書

論理的思考を学ぶ第一歩として、良質な書籍を読むことは非常に有効です。とくに初心者には、次のような入門書がおすすめです。

『ロジカル・シンキング』（照屋華子ほか著／東洋経済新報

社)……論理的思考の基本をシンプルに解説した一冊で、具体的な事例が豊富に盛り込まれています。

『考える技術・書く技術』(バーバラ・ミント著/ダイヤモンド社)……ピラミッド構造を中心とした、論理的な文章作成の技術を体系的に学べる名著です。

これらの書籍は、論理的思考のフレームワークや応用方法をわかりやすく解説しており、実践にもすぐに役立てることができます。

### オンラインリソースを活用する

近年、多くのオンライン学習プラットフォームが論理的思考を鍛えるためのコースを提供しています。以下はその一例です。

Udemy……論理的思考や問題解決に特化した講座が多数あり、実践的なスキルを短期間で学べます。

Coursera……世界的な大学が提供する高品質な講座が豊富で、修了証も取得可能です。

これらのプラットフォームは動画形式で学べるため、忙しい社会人でもスキマ時間を活用して学習できるのが特徴です。

### ケーススタディ書籍の活用

さらに、ケーススタディを扱った書籍も非常に役立ちます。たとえば、『問題解決』(高田貴久ほか著/英治出版)は、実際

のビジネス課題をテーマにしたケーススタディを多数収録しており、実践的なトレーニングに最適です。

これらの書籍を使う際は、ただ読むだけではなく、自分で仮説を立てて考え、書き出す作業を伴わせると、より深く理解できます。

### 日常的なリソースから学ぶ

論理的思考を鍛える材料は、日常の中にも数多く存在します。たとえば、ニュース記事や報告書を読む際に、「なぜこの結論に至ったのか？」「他にどんな可能性があるか？」を考える練習をするとよいでしょう。

また、TEDの講演動画やビジネス系ポッドキャストも、論理的な構成で話されているものが多く、思考法を学ぶ手助けになります。

### 学び続ける姿勢を持つ

論理的思考は、一度習得して終わりではなく、日々の学びと実践を通じて進化していくスキルです。継続的に参考書やリソースを活用しながら、自分の成長を楽しむ姿勢を持つことが、長期的な成功につながります。

## 学びを続けるための時間管理術

　論理的思考を鍛えるために書籍やオンラインコースを利用しようと思っても、日々の忙しさの中で学びの時間を確保するのは難しいと感じるかもしれません。しかし、効果的な時間管理術を取り入れることで、学習を習慣化することが可能です。

　まず、1日の中で「スキマ時間」を見つけ、それを有効活用することから始めましょう。たとえば、通勤時間や昼休みの15分を使って、1ページでも書籍を読み進める習慣をつけると、1週間でかなりの量を消化できます。また、音声教材やポッドキャストを利用すれば、歩きながらや移動中でも学ぶことができます。

　さらに、学びを進めるための「小さな目標」を設定するのも有効です。「1週間で1章を読む」「今週はロジックツリーを一つマスターする」といった具体的な目標を立てることで、モチベーションを保ちながら進めることができます。このように、日常生活に学びの習慣を組み込むことで、論理的思考を着実に深めることができます。

## 参考文献

照屋華子、岡田恵子『ロジカル・シンキング　論理的な思考と構成のスキル』(東洋経済新報社)

照屋華子『ロジカル・シンキング練習帳』(東洋経済新報社)

バーバラ・ミント『新版　考える技術・書く技術　問題解決力を伸ばすピラミッド原則』(ダイヤモンド社)

高田貴久、岩澤智之『問題解決　あらゆる課題を突破するビジネスパーソン必須の仕事術』(英治出版)

青井倫一(監修)、グローバルタスクフォース(著)『通勤大学MBA 3　クリティカルシンキング(新版)』(総合法令出版)

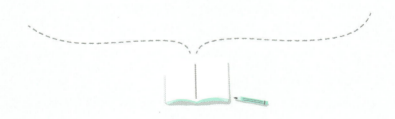

【著者紹介】

## 藤城尚久 （ふじしろ・なおひさ）

1968年生まれ。東京大学経済学部を卒業後、欧州の名門ビジネススクールでMBA（経営学修士号）を取得。現在は外資系コンサルティング会社のシニアマネージャーとして、グローバル企業の戦略立案や業務改善プロジェクトを手がける一方で、次世代のビジネスリーダー育成にも力を注ぐ。

視覚障害その他の理由で活字のままでこの本を利用出来ない人のために、営利を目的とする場合を除き「録音図書」「点字図書」「拡大図書」等の製作をすることを認めます。その際は著作権者、または、出版社までご連絡ください。

頭のいい人は"考え方の型"がある!
13歳からの論理的思考

2025年1月23日　初版発行

著　者　藤城尚久
発行者　野村直克
発行所　総合法令出版株式会社
〒103-0001　東京都中央区日本橋小伝馬町15-18
EDGE小伝馬町ビル9階
電話　03-5623-5121
印刷・製本　中央精版印刷株式会社

落丁・乱丁本はお取替えいたします。
©Fujishiro Naohisa 2025 Printed in Japan
ISBN 978-4-86280-978-0
総合法令出版ホームページ　http://www.horei.com/